Ulrike Rauh

Faszination Chile

Mit sechs Bildern der Autorin

Wiesenburg Verlag

Reiseimpressionen - Band 24

Von Ulrike Rauh bisher im Wiesenburg Verlag erschienen:

Fremde Stimmen, Kurzerzählungen
ISBN 3-932497-60-0 · € 11,30

Zwölf Spaziergänge durch Venedig
ISBN 978-3-932497-96-4 · € 15,50

Kleine Galerie, 24 Erzählungen
ISBN 3-937101-72-1 · € 13,90

Fünfzehn Spaziergänge durch Florenz
ISBN 978-3-939518-03-7 · € 14,80

Spaziergänge in Neapel und auf Ischia
ISBN 978-3-940756-42-8 · € 14,80

Bibliographische Information der
Deutschen Nationalbibliothek:

Die Deutsche Nationalbibliothek verzeichnet diese
Publikation in der Deutschen Nationalbibliographie;
detaillierte bibliographische Daten sind im Internet
über http://dnb.ddb.de abrufbar.

1. Auflage 2010
Wiesenburg Verlag
Postfach 4410 · 974 12 Schweinfurt
www.wiesenburgverlag.de

Umschlaggestaltung:
Lydia Mühling · Nürnberg

ISBN 978-3-942063-44-9

„Da geht dein Großvater."

Wie alt war ich damals? Acht Jahre? Zehn Jahre?

Ich sehe mich noch heute mit meinem Vater in der Marienstraße. Es kam selten vor, dass er mich mit in die Stadt nahm.

Er blieb stehen.

„Der Mann dort, das ist dein Großvater", sagte er noch einmal.

Er blickte ihm lange nach. Regungslos.

„Der mit dem schwarzen Hut? Und dem dunklen Anzug?", fragte ich.

„Gehen wir weiter", gab mir mein Vater zur Antwort.

Meine Großmutter hatte ich nie kennen gelernt.

Einmal sprachen meine Eltern mit lauter Stimme von ihr.

„Die Paula ist mit ihr zum Bahnhof gegangen. Die Gertrud auch."

„Wohin ist sie gefahren?", fragte ich.

„Zur Hanna, nach Südamerika", erwiderte meine Mutter kurz.

Mein Vater schwieg.

Südamerika.

Dieses Wort begleitete mich nun mein Leben lang.

In der Atacama

Wüstensand und Geysire

Auf dem Bildschirm vor meinem Sitz im Flugzeug deutet der Pfeil auf der kleinen Landkarte auf Santiago. Darüber liegt Calama. Da werde ich morgen sein. Nördlich davon entdecke ich Arica.

Ich hielt einmal ein Foto von Hanna in Händen, das sie auf einem Schiff nach Arica zeigt. Die Stadt liegt an der Grenze zu Peru. Wie lange wohl hatte die Fahrt von Valparaiso, wo Hanna mit ihrem Mann Ernst und dem Sohn Carlos gelebt hatte, bis Arica gedauert? Meine Großmutter war sechs Wochen unterwegs auf ihrer Reise von Hamburg nach Chile. Damals, das war 1936.

Meine Reise nach Chile dauert fünfzehn Stunden.

Am Flughafen von Santiago werden Namensschilder hochgehalten. Ich suche, blicke in freundlich lächelnde Gesichter, nein, so heiße ich nicht. Ich sehe immer mehr Tafeln. Erleichtert lese ich auch meinen Namen.

„Ich bin Manolo, Ihr Reiseleiter."

Ein kräftiger, lachender Chilene gibt mir die Hand.

In einem kleinen weißen Bus fährt er uns zum Hotel. Dichtes schwarzes Haar drängt aus seiner weißen Schirmmütze hervor.

Wir sind acht Personen. Ich versuche herauszufinden, wer zu wem gehört.

„Darf ich? Ich heiße Marco."

Ein dunkelhaariger junger Mann setzt sich neben mich. Seine Aussprache ist weich, seine Sätze klingen melodisch. Marco hat die Beziehungen in unserer Gruppe rascher erkannt als ich. Wir sind die beiden Einzelreisenden.

Im kleinen Innenhof des Hotels stellen wir uns kurz vor. Manolo fragt jeden auch nach dem Grund seiner Reise nach Chile. Das ältere Ehepaar aus Ulm blickt sich unsicher an.

„Wir wollen sogar noch nach Tahiti!", ruft Gregor. Juliane neben ihm blättert im Reiseführer. Sie hat feine, zarte Hände. Trägt rosa Jeans und ein rosa T-Shirt.

„Sind die Hotels in diesem Land sauber?", fragt Birgit und blickt eindringlich, beinahe sorgenvoll, zu Manolo.

„Das werden wir schon sehen", bemerkt ihre Freundin Lena. Sie hat ihre dunklen Haare hochgesteckt. Ihr Puppengesicht mit den schwarzen Augenbrauen lächelt spöttisch. Wie alt mag sie sein, überlege ich. Und finde keine Antwort.

„Wir sehen uns dann zum Abendessen", ruft Manolo beim Weggehen. Auch er hatte sich vorgestellt. Dass er an der Universität Santiago Deutsch gelernt habe, seine Frau in dieser Stadt ein Reisebüro leite. Manchmal falle ihm die Trennung von seinen beiden Kindern schwer, um so mehr freue er sich auf das Wiedersehen. Er wird die nächsten Wochen auch unser Fahrer sein.

Ich gehe auf mein großes, mit hellen Möbeln eingerichtetes Zimmer. Schalte den Fernsehapparat ein, blicke in die Minibar, öffne das Fenster und schaue den gelassen vorbeigehenden Menschen zu, den ungeduldigen, rasch fahrenden Autos.

Ich bin in Chile.

Im elegant gekachelten Bad betrachte ich mich im Spiegel.
Ja, jetzt bin ich auch hier, hier im Land meiner Großmutter, meiner Tante Hanna, Frauen, die ich nie gesehen habe. Nur Ernst hatte ich kennen gelernt.
„Jetzt bin auch ich da – hört ihr mich?"

Wir landen in **Calama,** dem nördlichsten Punkt meiner Reise vom großen Norden dieses 4.300 Kilometer langen Landes in den Süden, bis hinunter nach Patagonien. Sah ich jemals so einen kleinen Flughafen? Wie aus luftiger Höhe fallen gelassen, stehen Abfertigungsgebäude und ein grüner Tower in einsamer, endloser, windiger Ebene.

In unserem Kleinbus fahren wir zunächst an den einheitlich gebauten, eng nebeneinander stehenden beigen und grünen Häusern der Kupferminenarbeiter vorbei, die in dieser Einöde mit ihren Familien leben. 12.000 Menschen, heißt es, wohnen hier. Die Beschäftigten in der Kupfermine Chuquicamata, die 1911 in Betrieb genommen wurde, sollen nicht länger als sieben Jahre dort arbeiten – die gesundheitlichen Schäden seien enorm groß. Schon in der Zeit vor den Inkas wusste man, dass es hier Kupfer gab, erzählt uns Manolo während der Fahrt. Später fügt er hinzu, dass die Arbeiter regelmäßig, in kurzen Abständen, ein paar Tage ausfliegen. Anders wäre das Leben hier nicht auszuhalten. Aber, meint er noch, sie verdienen sehr, sehr gut.

Stunde um Stunde fahren wir auf der schnurgeraden Straße durch eine braunlila Hochebene. Rechts und links erheben sich rotbraune Berge. Hier wächst kein Baum, kein Strauch. Diese Asphaltstraße führt ins Nichts, in ein rotbraunes Nichts. Statt Pflanzen sind manchmal weiße Kreuze am Straßenrand gewachsen. Ein größeres trägt die schwarze Inschrift „Memorial". Gegner der Diktatur Pinochets wurden hier erschossen und begraben.

„Nicht nur hier fand man später ihre Leichen. Sie wurden an den seltsamsten Orten bestattet. Man glaubte, die Toten würden so nie gefunden werden."

Ich schließe die Augen. Höre nur den Motor und Manolos Stimme. Er erzählt, dass vor dem Berg auf der rechten Seite der Straße an bestimmten Ta-

gen eine Geisterstadt erscheine. Der Besucher könne durch ihre Gassen gehen, die Bewohner berühren, doch am nächsten Tag sei die Stadt wieder
verschwunden.

Ich öffne die Augen.

Die schnurgerade Asphaltstraße jedenfalls ist noch
da. Aber es ist heute offenbar nicht der Tag der
Geisterstadt!

Wir haben eine Höhe von 3.400 Metern erreicht.

Ich schließe wieder die Augen. Lausche wieder
dem Motor. Entfliehe der braunlila Trostlosigkeit,
der rotbraunen Verlassenheit.

Manolo hält.

Ich traue meinen Augen nicht. Nein, keine Geisterstadt, sondern vor uns, wenn auch weit entfernt,
sehe ich ein grünes Tal.

„Japanese stop!", ruft er.

Wir steigen aus, fotografieren eine bizarre Fels-
gruppe, die unvermutet aus der steinigen Öde her-
ausragt. Dann erst fahren wir hinab zu der tiefgrü-
nen, sich weit ausdehnenden Oase und erreichen
San Pedro, ein Ort in 2.500 Metern Höhe, zu Fü-
ßen des Vulkans Licancabur, eine uralte Siedlung
der Bewohner der Atacamaregion. Vorbei an niedrigen rotbraunen Häusern erreichen wir das Hotel
Altoplanico, eine Bungalowanlage.

Manolo verteilt die Zimmer.

Die Dame aus Ulm geht auf ihn zu.

„Darf ich Sie kurz sprechen?", fragt sie, ein bisschen verlegen. „Wissen Sie, wir hätten gern getrennte Zimmer, oder zumindest getrennte Betten. Der Herr Hinziger ist nicht mein Mann."

Sie blickt Manolo etwas besorgt an, hofft auf Verständnis.

„Und in unserem Alter – der eine schläft unruhig, der andere schnarcht …"

Manolo betrachtet seine Liste.

„Wir finden schon etwas", beruhigt er sie.

Erleichtert blickt Frau Burger nach ihrem Nicht-Ehemann, der intensiv mit seiner Fotoausrüstung beschäftigt ist.

Heiße Stille liegt über den Bungalows. Ein zartblauer Himmel, wolkenlos, steht über dieser verloren wirkenden Anlage. Die schmalen Pfade, die wenigen Blumen, das Pampasgras – sie alle sind von einer unwirklichen Stille eingeschlossen. Ich atme Hitze ein.

Mit dem Bus fahren wir nach **San Pedro**. Zu beiden Seiten der geraden, breiten, unbefestigten Straße reihen sich kleine weiße Häuser aneinander. Über der Eingangstür eines jeden Hauses steht auf einer Holztafel, was sich hinter den Steinmauern befindet: Café, Restaurant, ein Krämerladen, eine Galerie, ein Hostal, ein Hotel. Hunde streunen die Straße hinauf und hinab. Eine Frau sitzt vor einem Webrahmen.

In der weißen Kirche von 1745 erinnert der helle Altar an ein Bühnenbild: In den Rundbögen stehen Heilige wie Puppen, mit langen schwarzen Haaren und bekleidet mit reich verzierten Gewändern. Die einzelnen Teile der wuchtigen, dunkelbraunen Decke aus Kaktusholz werden mit Lederbändern zusammengehalten. Ich gehe weiter zum archäologischen Museum, wo ich die Bekanntschaft mit „Miss Chile" mache, einer Mumie aus dem 15. Jahrhundert. Dieses Skelett in Hockstellung, mit zwei schwarzen Zöpfen, geöffnetem Mund, wirkt auf mich abstoßend. Ich betrachte lieber die Masken, Gefäße und Schmuckstücke aus Gold, und auch das Schlafzimmer des belgischen Pfarrers Gustave le Paige, der 1955 nach San Pedro kam und als Entdecker der archäologischen Fundstücke der Atacameno-Kultur gilt.

Nicht weit entfernt von dem Museum befindet sich der Basar des Ortes. Unmengen von bunten Schals und Tüchern, aber auch Pullover, Tassen, Schüsseln, Teller, Figuren und Figürchen quellen aus den Regalen, hängen von der Decke oder stapeln sich auf dem Fußboden. Nicht sofort kann ich die Verkäuferin zwischen all ihrer Ware erkennen …

Hitze schlägt mir wieder entgegen. Ich suche den dünnen Schatten weniger hoher Bäume und laufe zurück zum Hotel. Vergeblich halte ich Ausschau nach einem Taxi. Ein Indio reitet auf einem Pferd an mir vorbei. Nickt grüßend. Plötzlich stoße ich auf einen Fluss. Das Wasser sprudelt, rauscht, hier oben, in 3.000 Metern Höhe. Wieder suche ich Schatten. Sehe nur niedrige braunrote Mauern.

Ein Einheimischer kommt mir entgegen.

Ich spreche ihn an, in schlechtem Spanisch, aber er versteht mich.

„Noch ein Karee", meint er mit ausdruckslosem Gesicht und geht in ruhigem, leichtem Schritt weiter.

Karree? Was meinte er? Ich gehe immer langsamer.

Ein Pferd weidet auf einem dürren Stück Gras. Aus den kleinen Häusern werden armselige Hütten.

Dann ein „Hostal". Dort kann ich sicher ein Taxi bestellen. Ich suche den Eingang. Rufe. Nur Stille und Schweigen antworten mir.

Müde laufe ich weiter. Die Hitze will mir den Atem nehmen.

Ungläubig, doch erleichtert, sehe ich schließlich den Wegweiser „Altoplanico".

Es sind nur noch wenige Schritte zu meinem Bungalow aus Holz, Stroh und Lehm. Erschöpft lege ich mich auf die schwarze Decke, schiebe die buntbestickten Kissen zur Seite. Bedrückend die Dunkelheit und Stille. Ich schlafe ein.

Manolo drängt zur Abfahrt.

Auf unbefestigter, holpriger Straße fährt unser Bus zur Ausgrabungsstätte **Tulor**, immer geradeaus, in einer hellbraunen Ebene, wieder. Die Salzcordillere schwankt in ihrer Farbe zwischen Rot und Gold. Vor uns grüßt der fast 6.000 Meter hohe Vulkan Licancabur aus Bolivien. Unruhig ziehen zerfaserte Wolken über den tiefblauen Himmel.

Wir gehen zu Fuß weiter, auf einem Sandweg, in großer Stille und Hitze, zu zwei dunkelbraunen niedrigen Rundbauten. Es sind Rekonstruktionen. Das archäologische Dorf wurde nur an zwei Stellen, die man auf Laufstegen erreichen kann, freigelegt. Der Wüstenwind hätte die runden Zimmer, die durch Innenhöfe miteinander verbunden sind, wieder zugedeckt. So stellte man die Ausgrabungen ein. Erst 1958 hatte jener Gustave Le Paige, dem ich schon in San Pedro begegnet war, diese Spuren der vorkolumbianischen Atacama-Kultur aus dem 8. Jahrhunder v. Chr. entdeckt. In dem kleinen Museum sind Töpfe und Vasen ausgestellt, und es werden Flora und Fauna erklärt.

Weiter geht die Fahrt auf der Schotterpiste, jetzt durch eine Hügellandschaft. Plötzlich wieder vor uns das intensive Grün der Oase. Dahinter rote Hügel, dann die weißen Gipfel der Anden. Wir haben die ehemalige Festung **Quitor** erreicht, deren hohe Mauern sich steil den Berg hinaufziehen. Vorsichtig gehen wir auf dem Sand nach oben. Die Ausmaße dieser einstigen Festung aus der Zeit 900 v. Chr. lassen deutlich erkennen, dass sie nicht nur strategische Bedeutung hatte, sondern dass sich hier auch ein Wohngebiet befand. Welch ein Unterschied zu den einsamen, vom Sand bedeckten Rundbauten in Tulor! In Quitor kann man zwischen den Mauerresten noch Leben ahnen.

Müde und sehr still fahren wir zurück zu unseren Bungalows, bei deren Errichtung man versucht hat, eine Verbindung zwischen Tulor und dem 21. Jahrhundert herzustellen. Ich öffne die eine meiner schmalen Türen, die auf die Terrasse führt. Hitze nimmt mir den Atem. Rasch schließe ich sie wieder.

Ich öffne die andere Tür, die zur Gartenanlage mit dem Pool führt. Der Nachmittag breitet seine Stille über die Hotelanlage. Im Schatten eines großen Sonnenschirms ruhe ich mich aus. Spüre einen scheuen Wind auf meinem Körper.

Lena legt sich in den Liegestuhl neben mir. Zündet sich eine Zigarette an.

„Stört es dich, wenn ich rauche?"

Es stört mich. Aber ich sage es nicht.

„Wie findest du diese Tour bis jetzt?", fragt sie nach einiger Zeit.

„Viele neue Eindrücke. Mir gefällt das."

„Lebst du allein?", will sie wissen, wartet meine Antwort jedoch nicht ab.

„Weißt du, ich bin jetzt sechsunddreißig. Seit zwölf Jahren verheiratet. Seit vier Jahren haben mein Mann und ich keinen Sex mehr."

„Aus welcher Stadt kommst du?" Ich versuche einen Themawechsel.

„Aus Dortmund. Also seit vier Jahren schlafen wir nicht mehr miteinander. Jetzt habe ich einen Freund."

„Warum fährt er nicht mit?"

„Er verreist ungern. Macht lieber Radtouren. In Deutschland. Ferne Länder schaut er sich im Fernsehen an."

Ich betrachte Lenas rundes, glattes Gesicht mit den kleinen braunen Augen, den schwarzen Augenbrauen, der kleinen Nase. Ein Puppengesicht, denke ich wieder.

„Ich genieße diese Fahrt, fühle mich richtig befreit, seit ich mit euch hier unterwegs bin. Und jetzt gehe ich schwimmen!"

Ich schaue ihr nach, wie sie ins Becken springt. Finde diesen europäischen Komfort hier mitten in der Wüste, am Rande der Indiostadt, ziemlich grotesk.

Es ist Abend geworden.

Wir fahren ins **„Valle de la Luna"**, in das **„Tal des Mondes"**.

Ein heftiger Wind weht. Der steile Aufstieg im Sand fällt immer schwerer. Immer wieder bleibe ich stehen. Versuche durchzuatmen. Atme langsamer. Endlich haben wir die Anhöhe erreicht. Wir setzen uns auf einen Stein.

Vor mir erhebt sich eine gewaltig hohe Sandwelle: die Große Düne. Messerscharf verläuft ihr steiler Grat bergauf. Ein Hang fällt goldgelb hinab in die Ebene, der andere wird verschluckt vom dunkellila Schatten einer Felswand. In eine gefaltete Bergkette, übergossen von rot-orangefarbenem Licht, taucht die schräg stehende Scheibe des „Amphitheaters" ein. Leuchtend gelb erheben sich Hügel vor den schwarzen Anden. Dunkle Wolken ziehen über einen hohen Berg, öffnen sich und gießen ihr Wasser hinab, das nach Bolivien fließt, nicht zu mir.

Ich bin umhüllt von großem Schweigen. Unterbrochen nur vom leisen, zaghaften Knistern meiner Jacke, die der Wind immer wieder anfaucht.

Totes Dunkelbraun deckt jetzt die Große Düne zu. Ich höre meinen Atem, als wäre er das einzig Lebendige, übrig geblieben in der Stille ringsum. Der halbe Sonnenkreis steht über den Hügeln, sinkt rasch weiter, taucht ein in den Wüstensand. Zögernde Sonnenstrahlen lassen das Amphitheater aufleuchten. Die schwarzen Anden haben sich ein lila Tuch übergeworfen, die Berge glänzen purpur, und rotbraune Kühle breitet sich aus.

Wir steigen rasch hinab. Kehren zurück zu unseren Bungalows. Bürsten den Wüstensand aus unseren Jeans. Trinken in der Lounge Matetee.

Ein funkelnder Sternenhimmel lächelt über den Bäumen und hohen Gräsern. Sie sind größer hier, die Sterne, viel größer. Ich suche das Kreuz des Südens.

Die Straße nach **Toconao** führt uns nahe an die Anden heran, die von zartem Lila überzogen sind. Links von unserem Bus weiden drei Esel – einen Bauernhof sehen wir nicht, doch ab und zu hohe, grüne Bäume, Tamaruga-Bäume, die einzigen, die in der Wüste wachsen. Ihre Wurzeln seien dreimal so groß wie ihr Stamm, erzählt Manolo.

„Kann doch nicht sein", bemerkt Gregor.

Juliane blickt geradeaus. Rückt ihre große Sonnenbrille zurecht. Auch Manolo überhört Gregors Bemerkung.

„Will jemand so einen Baum fotografieren?", fragt Manolo.

Toconao erinnert an San Pedro. Niedrige helle Häuser und kleine Läden zu beiden Seiten der breiten Sandstraße. Ein massiv wirkender Kirchturm – er hat das Erdbeben von 1750 überstanden – überragt die Ansiedlung. Die dazugehörige Kirche sieht eher neu aus. Auch hier ruht eine dunkelbraune Holzdecke auf weißen Wänden; auch hier sind die Heiligenfiguren bekleidet.

Manolo betritt mit uns eines der Wohnhäuser.

Befinden wir uns in einem Laden? Schals, Wandteppiche, Jacken und Pullover – hergestellt aus der

Wolle der Alpakas – stapeln sich auf dem Boden und in den Regalen, hängen von der Decke, wie im Basar in San Pedro. Ich erkenne die Farben der lila Anden, des ockerfarbenen Sandes und kaufe einen schmalen, ganz bunten Schal. Er ist warm und kitzelt.

„Auf so eine Touristin wie dich warten die doch hier", bemerkt Gregor. „Ich kaufe da nichts!"

Eine weitere Tür führt ins Freie. Hoch wachsen rote Geranien, rosa und gelbe Hibiskusbüsche und dazwischen, ja, da steht ein Regal mit Töpfen, Schüsseln, Pfannen, Dosen und Eimern. Ein Sack Zwiebeln lehnt an einem Baumstamm. Es folgt Parzelle auf Parzelle. In einer findet das Wäschetrocknen statt. Über und vor einer Waschmaschine hängen auf einer Schnur schwarze Jeans, weiße Unterhosen und bunte Strümpfe. Im nächsten Innenhof sitzen ein braunes Schaf und ein schwarzes Guanako auf einem Strohhaufen. Gegenüber blicken mich Kaninchen aus ihrem Stall an, daneben betrachtet mich ernst und prüfend ein weißes Guanako. Ich fliehe vor dem intensiven Zoogeruch in den nächsten Patio. Hier drängen Blumen, Büsche und Obstbäume in die Höhe oder legen sich müde über weitere Eimer, Schüsseln und Töpfe.

Auf der sandigen Straße gehen wir bergab zu den Gärten, die sich am Fluss entlangziehen. Jedem

Bewohner gehört ein Stück Garten. Üppig wachsen hier Aprikosen, Quitten und Granatäpfel. Rechts von ihnen befindet sich eine Levada, eine offene Wasserleitung. Mittels kleiner Schieber leitet der Wasserwächter das hier so kostbare Nass jeden zweiten Tag für ungefähr fünf Minuten in die einzelnen Gartenanteile, die dann sofort überflutet werden.

Der Weg führt hinunter zu einer Schlucht, in der tief unten der Fluss sprudelt. Eine junge Frau verkauft hier Äpfel, ein junger Mann Weintrauben. Ja, denke ich, Gregor hat Recht: Dieses entlegene Dorf mit seinen sechshundert Einwohnern hat den Tourismus auch entdeckt.

Wieder im Bus, verstaue ich Schal und Fotoapparat. Marco beißt in einen Apfel, Juliane isst Weintrauben. Wieder die vertraute Sandstraße. Steine zu beiden Seiten. Langsam nur rücken die lilafarbenen Anden näher. Wir steigen aus.

Heftiger Wind weht uns entgegen. Vor uns ein gleißendes weißes Meer von Salzkorallen: der **Salar de Atacama,** der **Salzsee.** Immer mit Blick auf die Berge vor uns gehen wir auf dem schmalen, in die Salzkrusten geschlagenen Pfad zu den weit entfernten Flamingos. Dunkelblau, jetzt schwarz fast und reglos schweigen hier Wasserflächen, in denen die rosafarbenen, hochbeinigen, zerbrechlich wirkenden Tiere stehen. Tief beugen sie ihren Kopf auf der Suche nach Nahrung. Langsam und sanft gleitet die Sonne an den Bergen hinab. Von einem rotlila Schleier überzogen, in den sich schwarze Schatten eingenistet haben, blicken die Anden auf die zarten Flamingos, auf das indigoblaue Wasser, auf die erstarrten Salzkorallen.

Müde laufe ich zum Bus zurück.

Es ist Nacht geworden in San Pedro. Winzige Punkte leuchten hell über den kleinen Läden. Die Türen der Geschäfte stehen weit offen. Kaum jemand zeigt sich auf der Straße.

Um drei Uhr früh wird an die Tür meines Bungalows geklopft.

Ein funkelnder Sternenhimmel steht über stiller Schwärze. Breit ergießt sich die Milchstraße über dem Firmament. Ich suche das Kreuz das Südens. Wieder einmal.

Unser Jeep windet sich auf holprigen Serpentinen bergauf. Irgendwann schlafe ich ein. Wache einmal kurz auf, sehe im Scheinwerferlicht vor einer kleinen weißen Kapelle ein erstauntes Lama. Tiefes Dunkelblau löst behutsam die Schwärze der Nacht ab. Unermüdlich fährt Manolo weiter bergauf, immer häufiger über Querrinnen und Schlaglöcher.

Atacama-Wüste: Salzsee

Endlich! Endlich sind wir angekommen bei den **Tatio-Geysiren,** den höchstgelegenen Geysiren der Welt. Über zwei Stunden hatten wir für die neunzig Kilometer gebraucht. Wir frieren, hier, auf 4.320 Metern Höhe bei vier Grad, morgens um sechs Uhr. Vorsichtig steigt erstes Sonnenlicht über die schwarzen Berge, während sich auf dem Boden ein unglaubliches Spektakel abspielt. Die gesamte Fläche sprudelt und zischt, die hohen schmalen Geysire dampfen, bilden eine Nebelwand. Überall blubbert es aus den Löchern in der Erde. Die heißen unterirdischen Quellen, die in der Nachtkälte gefrieren, explodieren unter dem Sonnenlicht. Und jetzt leuchten die Berge in hellem Gelb und Grün. In kleinen Wasserlöchern, deren Temperatur 85 Grad beträgt, wärmen wir mitgebrachte Milch und kochen Eier. Drüben, im kleinen Thermalsee, genießen schon einige Touristen ein Morgenbad.

Wir fahren nun Richtung **Machuca.**

Jetzt sind auch die Tiere aufgewacht. Ich muss sehr genau hinschauen, um die kleinen Andenkaninchen, die Viscachas, mit langem Schwanz und gelbgrüner Tarnfarbe, zu erkennen. Unglaublich flink rennen sie über die Felsen, erinnern dabei an Kängurus; wenn sie sitzen, eher an Katzen. Und jetzt wagen sich auch die kleinen Lamas, die Vikunjas, hervor. Blicken verwundert aus braunen Augen.

Auf staubiger Piste fährt Manolo weiter durch das Hochland, hat eine CD mit sanfter Panflötenmusik ausgewählt. Manchmal verlässt er die Piste und fährt quer über das Gelände. Aus dem Vulkan Putana steigen kleine Rauchwolken hoch. Der Licancabur scheint sich heute noch nicht zu seiner vollen Größe aufgerichtet zu haben. Schwarze und weiße Wildgänse hocken auf braunen Hügeln, betrachten unbeweglich unser Fahrzeug. Kein Laut ist zu hören. Keine noch so kleine Behausung zu sehen. Jetzt weicht Manolo auf stehendes Gewässer aus. Auch das Gelände ist unbefahrbar geworden. Weder Flamingos noch Blesshühner noch Enten interessieren sich für unseren Jeep.

Plötzlich tauchen niedrige Häuser mit tief herabhängenden, goldgelben Strohdächern auf. Als ob sie die hellbraunen Mauern und dunkelbraunen Fensterrahmen vor allzu viel Sonne beschützen wollten.

Machuca – ein Dorf in 4.000 Metern Höhe. Im Laufe der Jahre haben es die Bewohner verlassen. Doch dann beschloss die chilenische Regierung, diesen Ort wieder zu besiedeln. Und die Menschen kamen zurück. Zunächst die Älteren, die sich immer nach ihrer ursprünglichen Heimat gesehnt hatten, dann folgten auch Jüngere. Man gab ihnen ein Stück Land und Tiere. Etwa vierzig Menschen leben heute in Machuca.

Ich steige zur Kirche hinauf. Langsam. Außer Marco wollte niemand mit. Die zwei kleinen Gebäude, auch mit gelbem Strohdach, mit blauen Türen, sowie der weiße Glockenturm, wurden 1923 erbaut. Steil führt der Weg nach oben. Wir bleiben stehen. Das Atmen fällt immer schwerer. Eine Einheimische geht vor uns mit gleichmäßigen, ruhigen Schritten die Treppe zur Eingangstür hinauf.

„Wir schaffen das auch", ermuntert Marco mich – und sich.

Ich blicke ihr nach, wie sie, ohne auch nur einmal anzuhalten, in ihrem orangefarbenen Rock, der fast bis zu den Knöcheln reicht, einer dunkellila Wolljacke und mit weinrotem Hut, die Stufen nimmt. Ihre langen schwarzen Haare, leicht zusammengebunden, fallen tief den Rücken hinab. Endlich sind wir oben angelangt. Der Kirchenraum gleicht einer einfachen Kapelle. Wir setzen uns in eine der Bänke.

„Hat sich das gelohnt?", fragt Marco leise.

Unten im Dorf sind vor einem der Häuser auf runden Steinen Kleidungsstücke ausgebreitet. Offenbar war heute Waschtag. An einem Stand werden Lammsteaks, Käse und Kunsthandwerk angeboten. Gregor und Juliane kaufen Käse, Lena entscheidet sich für eine kleine Puppe.

Wir verlassen diesen so unwirklich erscheinenden Ort, fahren einen schmalen, fast ausgetrockneten

Bach entlang, der sich durch weite Grünflächen schlängelt, auf denen Guanakos weiden. Vorbei an Säulenkakteen am roten Felshang, vorbei an Pampasgras, geht es zurück nach San Pedro.

Im Seengebiet

Gartenzwerge vor hohen Vulkanen

Um vier Uhr am Morgen klingelt mein Wecker. Rasches Anziehen, rasches Kofferpacken. Noch funkeln und glitzern die Sterne über mir. Hier fährt kein Großer Wagen, steigt kein Drache auf, auch Kassiopeia konnte mir nicht folgen. Die Sternbilder der südlichen Halbkugel bleiben mir fremd.

Wieder fährt Manolo durch öde Geröllebene. Noch 44 Kilometer bis Calama. Ich schlafe ein. Als ich aufwache, sehe ich die Lichter der Kupferstadt.

Wir fliegen über die Anden. In dunklem Rot steigen die Gipfel in den blauen Himmel, schwarze Schatten krallen sich an ihnen fest. Schneereste behüten die Bergspitzen. Dann sehen wir ihn, leuchtend weiß, den mit 6.980 Metern höchsten Berg Südamerikas: den Aconcagua.

Bin ich wirklich in Chile? Unser Kleinbus fährt vorbei an grünen Wiesen, rotem Klee, gelbem Löwenzahn. Am Straßenrand werden Äpfel verkauft. Dann deuten niedrige Häuser darauf hin, dass wir uns der Stadt nähern. Fröhlich gestrichene grüne oder rote oder blaue Holzhäuser, manche weiß, wieder andere braun. Alle sind einstöckig gebaut, alle haben ein Giebeldach. Ein weißer Spitzenvorhang ziert nahezu jedes Fenster. Rosenstöcke wachsen in gepflegten Vorgärtchen. Ohne Atem zu holen, schickt der blauschwarze Pazifik sein Tosen und Brausen zu ihnen.

Puerto Montt, fünfzig Meter über dem Meeresspiegel, Stadt der Lachszüchter, liegt am Beginn der Fjordlandschaft Chiles. Manolo hält am Fisch- und Handwerkermarkt. Fische in allen Größen, im Ganzen oder zerteilt, Muscheln, Krabben, Aale, liegen hier aufeinander und nebeneinander. Nahtlos dann der Übergang zu Schals, Jacken, Hüten und Mützen, zu Schnitzhandwerk und Töpferware und zu den getrockneten schwarzbraunen Algen, die mich an Fahrradschläuche erinnern – und so auch zusammengelegt sind. Manolo bietet sie uns an. Nein – ich möchte diese „Speise" nicht probieren.

Wir fahren ins Zentrum.

Nahe der Meerespromenade sehen wir ein Bronzedenkmal, das zu Ehren der ersten Einwanderer aus Europa errichtet wurde: Ein Ehepaar mit Kind steht einem Gaucho gegenüber. Die große Erwartungshaltung jener Menschen, die mit so viel Hoffnung hier eintrafen, ist beim Anblick der ernsten Gesichter, der angespannten Haltung noch zu spüren.

Marco betrachtet eindringlich das Gesicht der Frau.

„Keine Ähnlichkeit!", stellt er fest, macht aber doch ein Foto.

„In meiner Familie wurde immer erzählt, dass wir mit zu den Ersten gehörten, die Neapel verließen, um in einem völlig fremden Land Arbeit zu finden, um überhaupt leben zu können."

Nein, so weit reicht meine Familiensaga nicht zurück. Hätte es weniger Differenzen in der Familie meines Vaters gegeben, hätte mir mein Großvater vielleicht die Geschichte meiner Großmutter erzählt. Vielleicht. Hatte er gewusst, dass sie nie mehr zu ihm zurückkehren würde? Dass sie nie wieder ihre sieben Kinder in Deutschland sehen würde? Was verband sie so intensiv mit Hanna, die als drittes Kind auf die Welt kam?

Wir werfen noch einen Blick auf die ausgedienten Lokomotiven, die an die Einwanderer erinnern sollen, welche ab 1912 von Santiago mit dem Zug hierher fahren konnten.

„Noch heute gilt Puerto Montt als deutsche Stadt", erzählt Manolo. Wie so häufig, spricht er sehr eindringlich, fast ohne Pause. Als ob er all sein Wissen, seine Liebe zu seinem Land, auf uns übertragen möchte.

„Überall liest man deutsche Namen; auch die Schulen tragen deutsche Namen. Jetzt lebt hier die fünfte und sechste Generation der Einwanderer. Ich gehöre ebenfalls dazu. Schade ist nur, dass es in Puerto Montt kaum kulturelle Veranstaltungen gibt. Die Lachszüchter beherrschen die Stadt; sie sind reich und mächtig. Leider haben sie wenig Sinn für Kultur."

Wir fahren weiter nach **Puerto Varas.**

Auch hier ist die Geschichte der Einwanderer, die 1853 eintrafen, noch lebendig. Die erste Gruppe der Männer brauchte drei Tage, um sich mit der Machete einen Weg durch den nahezu undurchdringlichen Urwald zwischen Puerto Montt und Puerto Varas zu schaffen. Dreihundert Jahre war dieser Urwald unberührt geblieben. Die ersten Jahre der Einwanderung werden heute mit nur zwei Worten charakterisiert: Elend und Arbeit.

Ringsum erstrecken sich jetzt grüne Hügel, Wiesen, Weideflächen. Ein Bauernhof wirbt für Bio-Produkte. Er ist inzwischen Treffpunkt für gesundheitsbewusste Chilenen geworden.

„Von Mülltrennung will man hier aber noch nichts wissen. Und Plastiktüten sind sehr, sehr beliebt", teilt uns Manolo bedauernd mit.

Wir erreichen den Llanquihue-See, den zweitgrößten See Chiles, dessen Name aus der Sprache der Mapuche-Indianer übernommen wurde. Vor uns breitet er sich glatt und graublau aus, mit breitem Sandstrand und gepflegter Promenade, an der sich Holzhäuser aneinanderreihen. Die Kirche Iglesia del Sagrado Corazón, die mit ihrem spitzen Turm die Stadt überragt, wurde von 1915 – 1918 erbaut; Vorbild soll eine Kirche im Schwarzwald gewesen sein.

Direkt am See liegt unser großes, gepflegtes Hotel.

Auf meinem Stadtbummel lese ich an einem schmucklosen Gebäude im Zentrum, an einer lebhaften Kreuzung, „Club Alemana – Deutscher Verein in Puerto Varas 1875". Neugierig steige ich die Treppe hinauf in den zweiten Stock. Sie endet vor einer rosa Sitzgarnitur und einem schwarzen Flügel. An einer Wand befindet sich eine große Landkarte von Deutschland – noch mit Schlesien, Posen und Ostpreußen –, die zeigt, aus welchen Gebieten Deutsche zwischen 1846 und 1875 nach Chile einwanderten.

Ein Ober geht geschäftig an mir vorbei. Als er erneut auf mich zukommt, frage ich ihn, ob es eine Broschüre dieses Clubs gebe. Er klopft an eine Tür. Kurz darauf begrüßt mich eine ältere Dame in elegantem grünem Kostüm und dunkelblonden Haaren. Auf Deutsch erklärt sie mir, dass heute Abend das regelmäßige Treffen des Frauenvereins stattfinde.

„Früher haben wir noch alle Deutsch gesprochen, aber jetzt kann es niemand mehr richtig, also sprechen wir Spanisch." Sie sagt es fast entschuldigend. Nein, eine Broschüre gebe es nicht, aber ich solle doch so gegen 21 Uhr wieder kommen und hier zu Abend essen.

„Dann treffen Sie Walter Heim. Er wird Ihnen alles über uns erzählen."

Ich blicke auf meine Uhr und setze meinen Stadtspaziergang fort.

Lange betrachte ich den Lapislazulischmuck in einem kleinen Laden. Schließlich trete ich ein. Die junge Verkäuferin lächelt liebenswürdig, öffnet mehrere Schubladen mit Ringen und Ketten, die ich aufmerksam betrachte. Plötzlich legt sie ihre Hände auf die verschiedenen Schmuckstücke, blickt mich konzentriert an und sagt auf Deutsch: „Sein Blick ist vom Vorübergehn der Stäbe ..." Rilkes Gedicht „Der Panther" hier, am Llanquihue-See! Ich blicke sie überrascht an.

„Und jetzt rezitiere ich es für Sie auf Spanisch."

„Wie kommen Sie zu Rilke?", frage ich Sie, neugierig geworden.

„Ich liebe die deutsche Sprache. Ich habe meinen einjährigen Sohn Walter genannt."

„Ist Ihr Mann Deutscher?"

„Nein, Jaime ist Chilene. Aber auch er liebt Ihre Sprache. Wir lernen beide Deutsch."

Ich probiere einige Ringe.

„Wissen Sie, wir lieben Deutschland und seine Menschen."

Ein Satz, den ich nicht oft höre.

Ich entscheide mich für einen Ring mit silberner Fassung.

„Diese Schmuckstücke habe ich selbst gemacht. Dabei hatte ich zunächst Jura studiert. Aber meine Arbeit in einer Kanzlei erschien mir so – leblos."

„Könnten Sie sich vorstellen, in Deutschland zu leben?"

Sie lacht laut.

„Nein, ich liebe meine Heimat. Nie würde ich Chile verlassen! Mein Mann und ich haben uns mit diesem Laden eine gute Existenz aufgebaut. Er kümmert sich um den kaufmännischen Bereich, und ich habe eine weitere Ausbildung gemacht und fertige jetzt Schmuck an."

Noch ganz in Gedanken bei der jungen Chilenin und Rilke, begebe ich mich wieder zum Club Alemana. Ich blättere in der Speisekarte: Entenbraten mit Rotkohl, Bratkartoffeln und Apfelbrei – Eisbein mit Sauerkraut und Kartoffeln – Schlachtwurst mit Zwiebeln, Spiegelei und Kartoffelbrei – Kassler mit Sauerkraut und Kartoffelbrei. Statt Entenbraten wird auch Gansbraten angeboten.

Diese Speisekarte reichte mir der große, schlanke Ober in weißem Hemd, grüner Weste, schwarzer Hose. In sehr aufrechter Haltung. Mit eher angedeuteter Verbeugung. Und sehr liebenswürdigem Lächeln.

„Sind Sie Walter Heim?", frage ich ihn. Seine schwarzen Augenbrauen stehen in krassem Gegensatz zu seinen graumelierten Haaren und dem weißen Oberlippenbart, denke ich. Und bestelle drei mit Käse gefüllte Empanadas und ein Glas Rotwein Carmenère.

„Oh du mein Heimatland im schönen Westerwald …", ertönt es laut. Dann folgt „In der Lüneburger Heide …".

Walter Heim lächelt zu mir herüber.

„Soll ich die Musik lauter stellen?"

Nun singt Hans Albers Seemannslieder – etwas gedämpft.

Am Nebentisch nimmt ein Ehepaar Platz. Die Dame nickt mir freundlich zu, sagt „Guten Abend" und meint, dass sie eigentlich nicht mehr Deutsch sprechen könne, aber viel verstehe.

„Wissen Sie", erzählt mir der Ober später, „meine Mutter kam als 22-Jährige 1938 nach Chile. Damals wurden Deutschlehrer gesucht. Und sie wollte die Welt kennen lernen. Nach ein paar Jahren heiratete sie einen Chilenen deutscher Abstammung. Wir waren fünf Kinder zu Hause und sprachen nur Deutsch. Spanisch lernten wir auf der Straße. Meine Kinder allerdings sprechen nicht mehr Deutsch."

Ich betrachte die unverputzten Wände, die vereinzelt Geweihe zieren.

„Im Club ist nicht mehr viel los", erklärt mir Herr Heim, als er mir ein zweites Glas Wein bringt.

„Früher, da gab es viele Feste, Lesungen, Konzerte. Da kamen deutsche Orchester hierher! Jetzt gibt es nur Mittag- und Abendessen und nur noch ein Fest: Silvester. Ungefähr zwanzig Prozent der Clubmitglieder sprechen noch Deutsch, die Älteren eben. Wenn sie eines Tages tot sind, dann spricht in diesem Club niemand mehr Deutsch."

Ein junger Mann in rotem Hemd und schwarzer Hose betritt das Restaurant. Seine langen, pechschwarzen Haare hat er aus dem breiten Gesicht zurückgekämmt.

„Nicht nur deutschstämmige Chilenen finden hierher, auch Nachfahren der Indios."

„Kommen Sie wieder?", fragt Walter Heim, als ich mich von ihm verabschiede.

„Ich glaube nicht, morgen fahren wir zum Wasserfall."

Wir verlassen die Stadt und erreichen den ältesten Nationalpark Chiles. Gewaltig, herrisch fast, erhebt sich der Osorno nun vor uns. Unterhalb des schneebedeckten Gipfels ziehen graue Wolken, die sich über dem See zu einer breiten schwarzen Masse aufblähen. Nach Durchquerung eines dichten Waldgebietes und holpriger Fahrt auf einer „Lavastraße" sehen wir hohe, grauschwarze Felsen, über die sich türkisfarben, überzogen von weißer Gischt, die „**Saltos del Rio Petrohué**", die „**Wasserfälle des Flusses Petrohué**", hinabstürzen. Ich fröstele. Marco legt mir seine Jacke um die Schultern. Ich spüre seine Hände, fürsorglich, beinahe liebevoll.

Im warmen, trockenen Bus fährt uns Manolo nach **Petrohué**, zum „**Lago Todos Los Santos**". Ruhig gleitet der Katamaran über den „**Allerheiligensee**". Mit glänzend weißer Kappe erhebt sich der Osorno. In unwirklicher Stille scheinen wir auf dem Wasser zu schweben, den See kaum zu berühren. Dann fahren wir hinein, mitten hinein in die Anden. Hohe, schneebedeckte Gipfel ragen in den tiefblauen Himmel. Es sind stille, verschlossene Berge. An der kleinen Anlegestelle **Peulla** verlassen wir das Schiff. Eine üppig blühende Parklandschaft breitet sich vor uns aus, die jeder von uns allein erkunden möchte. Marco und ich lesen auf einer Tafel, dass es hier Forellen, Kondor und Puma gebe.

„Glaubst du das? Ich meine den Puma."

„Warten wir es ab", bemerkt Marco gelassen und deutet auf einen Wegweiser.

„Nach Argentinien sind es nur noch 26 Kilometer. Bariloche heißt der erste Ort."

„Ich glaube, in dieses Land wird meine nächste Reise gehen!"

Vulkan Osorno

„Wieder Ahnenforschung?"

„Kaum. Aber wer weiß, was ich in Chile alles herausfinden werde."

Das leise Brummen des Motors begleitet uns zurück nach Petrohué. Smaragdgrün schimmert jetzt das Wasser. Wir gleiten an einem Sandstrand vorbei, dann an der Insel Marguerita. Seine Majestät der Osorno hält Audienz: Weiße Wolken ziehen an ihm vorüber.

Ich lasse Badewasser ein. Die Wanne ist etwas klein. Während ich Haare wasche, überlege ich, was ich heute anziehe. Meine wenige Garderobe verlangt viel Fantasie beim Kombinieren der einzelnen Teile. Die Strümpfe auf dem Handtuchhalter sind noch nicht trocken. Wie reiste meine Großmutter damals? Was hatte sie in ihren Koffer gepackt? Hatte sie mehrere Koffer? Wie hatte sie ihre Tage auf dem Schiff verbracht? Ich muss alles über sie erfahren, später, in Valparaiso, bei meiner Cousine Alicia, am Ende meiner Reise.

Im Frühstücksraum greife ich zu Frischkäse, nehme einen Joghurt, ein Stück Melone, einen Toast. Schenke mir grünen Tee ein. Um 9.30 Uhr fahren wir ein kleines Stück nördlich, nach **Frutillar.**

Wie fast jeden Morgen ruht der Llanquihue-See grau und unbeweglich. Der Osorno lässt sich heute nicht blicken. Die Bewohner am See Todos Los Santos bezeichnen ihn als schlafenden Vulkan.

Manchmal meinen sie, ein Grollen zu hören. Kann ein Vulkan Alpträume haben?

Marco hat mir einen Platz im Bus freigehalten.

Wir schweigen. Blicken hinaus auf die grauen Felder, die fahlen Wiesen, die schemenhaften Kühe, die löchrigen, tropfnassen Zweige verzerrter Bäume.

„Frutillar ist zweigeteilt", erklärt Manolo. „In der Oberstadt wohnt die eher arme Bevölkerung, in der Unterstadt die wohlhabende. Dem Bürgermeister gelingt es nicht, Frutillar Alto und Frutillar Bajo zu einer gemeinsamen Stadt zu vereinen."

Ich blicke aus dem Fenster. Sehe die vertrauten Holzhäuser.

„Der Bahnhof ist liebevoll restauriert, aber es fahren keine Züge mehr. Pinochet hatte alle Schienen herausreißen lassen und verkauft. Er brauchte Geld. An Stelle eines Eisenbahnnetzes wurde ein Bus- und Lastwagensystem errichtet. Nach dem Ende seiner Diktatur begann man wieder, die Schienen neu zu verlegen. Tausende von Kilometern. Aber die Leute waren inzwischen den Bus gewöhnt, und bevorzugen ihn auch heute noch."

Wir fahren hinab nach Frutillar Bajo, ein fast getreues Abbild einer deutschen Stadt. Am See reihen sich gepflegte, meist weiß gestrichene Häuser. In den Gärten blühen Dahlien in Rot und Lila neben gelben und orangefarbenen Begonien. Aus

42

den Balkonen ragen Fuchsien, Petunien und Ringelblumen. Die „Residenz am See" steht neben dem „Puppenhaus". Ich lese „Hotel Frau Holle" und „Hotel – Café – Bauernhaus". Auf den Fensterbrettern und an den Eingangstüren lachen Gartenzwerge mit roten Zipfelmützen. Weiße Spitzenvorhänge zieren auch hier die Fenster. Diese Idylle lässt aber nicht die Entstehung der Stadt vergessen. Noch im 19. Jahrhundert war dieses Gebiet von der ursprünglichen Bevölkerung bewohnt, den Mapuche-Indianern. Sie hatten den spanischen Eroberern, die 1552 hier ankamen, am heftigsten Widerstand geleistet. Als Chile 1818 ein von Spanien unabhängiger Staat wurde, begann die Regierung, die indianische Bevölkerung zu enteignen, und suchte Siedler für das Gebiet um den Llanquihue-See. Der deutsche Seemann und Naturaliensammler Bernhard Philippi, der auf mehreren Reisen in den Süden Chiles den Llanquihue-See wieder entdeckt hatte, entwarf einen Plan zur Kolonialisierung dieses Stück Landes, legte ihn der Regierung vor und wurde von ihr nach Deutschland entsandt, um 150 bis 200 Emigranten anzuwerben, hauptsächlich Bauern, aber auch Handwerker – und nicht zu vergessen zwei Priester, zwei Lehrer und einen Arzt. Allerdings sollten alle katholisch sein. Aber die katholischen Bischöfe widersetzten sich dem Vorhaben – zunächst mit Erfolg. Doch wegen der schlechten wirtschaftlichen Lage und der gescheiterten Revolution von 1848 gelang es Philippi, immer mehr Auswanderungswillige zu gewinnen, vor allem aus Hessen. 1851 waren bereits sechshundert Emigranten angekommen, jedoch meistens Protestanten, denen die chilenischen Behörden Religionsfreiheit zugesichert hatten. Um die Jahrhundertwende lebten 10.000 Deutsche im „Kleinen Süden" Chiles.

Als sie ihre Heimat verließen in der Hoffnung auf ein besseres Leben, da wollten sie ihre Heimat mitnehmen, weiterleben in den ihnen vertrauten Häusern und Gärten. All die Schritte des allmählichen Fußfassens, des Einlebens, der Eingewöhnung sind im Freilichtmuseum „Museo de la Colonización Alemán" festgehalten. In einem großen Park, in dem Rosen und Dahlien und Kapuziner leuchten, kann man zum Beispiel eine nachgebaute Mühle, eine Schmiede und ein Landhaus aus der Zeit um 1900 besuchen. Im Schlafzimmer stehen hohe Betten und eine Wiege; im Wohnzimmer ein runder Tisch mit vier Stühlen, auch eine Nähmaschine. Gab es wirklich so viel Freizeit, wie ein Klavier und ein Grammophon glauben machen? In der Wohnküche lädt weißes Geschirr auf dunkelblauer Tischdecke zum Essen ein. Überraschend geräumig ist das Bad mit zwei breiten Fenstern und einer Wanne, die größer ist als die in meinem Hotel.

Ich laufe am See entlang, vorbei an dem weißen Bau des „Teatro del Lago". Hier auf dem Theater im See findet seit 1968 jedes Jahr, im Januar und Februar, das Festival klassischer Musik statt. Vor allem Musiker aus ganz Südamerika, aber auch aus anderen Teilen der Welt, bieten ein Programm von Kammermusik bis Jazz.

Wir fahren nun zu einem nahezu unberührten 33 Hektar großen Regenwald – im Regen. Mühsam ist der Weg auf weichem, feuchtem, sehr rutschigem Boden durch dichtes Unterholz. Und hier erheben sie sich, geisterhaft aus feuchtem Nebel, die bis zu 50 Meter hohen Alercebäume, die für die Wälder Mittelchiles typischen Nadelbäume. Sie stehen so dicht, dass sie kaum Durchblick gewähren. Alerce – das geheimnisvolle, wichtige Wort für alle Chilenen. Die Einwanderer bauten aus dem Holz dieses Baumes, dem „grünen Gold", ihre ersten Häuser. Nicht gestrichen soll es bis zu vierhundert Jahren halten. Ein kleiner Vogel hüpft vorbei, erinnert an ein Rotkehlchen. Und hier sehen wir auch zwischen den Blättern die rote Blüte von Chiles Nationalblume Copihue aufblitzen, die in ihrer Form ein bisschen an eine Fuchsie erinnert. Die Nässe dringt allmählich in die Schuhe, die Jeans. Regentropfen fallen von meiner Kapuze auf meine Füße.

„Es ist kein kalter Regen", höre ich Gregor vor mir sagen. Wer läuft eigentlich hinter mir? Ich drehe mich um, sehe nur ein dunkles Regencape, das bis zum Boden reicht. Ist es Frau Burger? Sie war so schweigsam geworden in den letzten Tagen.

In der Hotelbar in Puerto Varas bestelle ich heiße Schokolade.

„Warum ging deine Großmutter nach Chile?", fragt mich Marco, der ein Glas Rotwein trinkt.

Ich schweige. Es ist genau die Frage, die ich mir immer wieder stelle.

„Ich weiß es nicht", antworte ich schließlich, „ich habe sie ja nie kennen gelernt."

„Und was erzählt man sich so in deiner Familie?"

„Wenig. Darüber wird nicht viel geredet."

Ich denke an die Tanten, mit denen ich ein paar Mal zusammentraf.

„Weißt du, in dieser Familie lebte jede Schwester mit ihrem Mann und den Kindern für sich. Jede wollte ihr eigenes Leben führen, nichts mit den anderen zu tun haben. Die beiden Brüder starben ziemlich früh, an Folgen von Kriegsverletzungen."

„Aber dein Vater, was erzählte er?"

„Nichts. Nur von meiner Mutter habe ich erfahren, was für eine fröhliche Frau sie gewesen war. Sie habe immer gelacht und gerne Karten gespielt, den ganzen Tag Kaffee getrunken. Und Kuchen habe sie gebacken. Für die brauchte sie immer zwölf Eier."

Wir blicken auf den dunklen See, die ersten Sterne.

„Es gab nur eine Tante, die sich bewusst war, dass wir eigentlich eine große Familie sind. Sie hatte nicht geheiratet. Sie versuchte immer wieder, einen Kontakt zu ihren Schwestern herzustellen, aber wirkliche Nähe mied auch sie."

„Und was wusste diese Tante?"

„Von ihr habe ich doch erfahren, dass meine Großmutter 1936, als sie sechzig Jahre alt war, nach Chile fuhr."

„Mit sechzig?!" Marco blickt mich äußerst erstaunt an.

„Ich weiß. Damals war man mit sechzig schon zu alt, um ein neues Leben anzufangen. Zu alt für alles. Und was weißt du über deine Vorfahren?"

„Noch weniger als du! Ich weiß nur, dass ein ‚Ahne', ein Schiffsbauingenieur aus Neapel, sich auf einer seiner Fahrten in eine Chilenin verliebte – und blieb. Er heiratete sie. Deren Vorfahren übrigens aus Bologna stammten."

„Und nun sind wir in diesem Land, in dem sich so viele Geschichten unserer Familien abgespielt haben", sage ich zu Marco, und sehe schwarze Haare und dunkelblaue Augen.

Chiloé

Insel der Mythen und Pinguine

In Pargua öffnet die Fähre ihren Bauch weit für unseren Kleinbus. Pelikane fliegen über den grauen Himmel, Seerobben recken sich aus dem grauen, glatten Meer, begleiten uns, allein oder zu zweit, auf der Fahrt zur Insel Chiloé. Jener Insel, eigentlich ein Archipel, die im Kampf zwischen den Meeresgöttern Tentenvilu und Caicaivilu entstand. Diese Legenden und Mythen, an die noch heute die Chiloten glauben, vor allem in den ländlichen Gebieten, bestehen aus überlieferten religiösen Elementen der Bevölkerung und dem Aberglauben, den die spanischen Eroberer ab 1567 mitbrachten.

Vom grauen Himmel fällt warmer Nieselregen auf die grünen Hügel, die Bäume, das langgestreckte stille Dorf Chacaco, in dessen kleinem Hafen wir anlegen. Wir fahren die Küstenstraße entlang. Die bunten Holzhäuser, gepflegter als die auf dem Festland, durchdringen das eintönige Grau. Über den friedlichen Ozean ziehen ganz langsam Fischerboote und Fischkutter.
Die Insel wirkt wie abgeschnitten von der Welt. Viele Bewohner leben vom Fischfang, den Algen

Ayf Chiloé

oder vom Kartoffel- und Gemüseanbau. Die Bauern sind stolz auf ihre Schafe, Hühner und Schweine. Früh am Morgen verkaufen sie ihre Erzeugnisse für Mehl, Zucker und Kaffee. Kleidung, Ponchos, Socken – das können sie alles selbst herstellen.

Wir erreichen Ancud, von 1770 bis 1960 die Hauptstadt Chiloés. Hier wurden, nach dem schweren Erdbeben von 1960, die Häuser im alten Stil wieder aufgebaut. In der Markthalle, einer großzügigen Holzkonstruktion, schaue ich einem jungen Mann zu, der Schäfchen aus Holz und Wolle herstellt. Jetzt setzt er zwei kleine schwarze Punkte als Augen ein.

Er fragt mich, woher ich komme.

„No hablo espanol" – mein einziger fließend und flüssig vorgetragener Satz. Und so setzt er die Unterhaltung fort.

„Baviera", sage ich dann.

„Ah, la cerveza!"

Dann fragt er mich, ob ich auch den Norden Deutschlands kenne, und zählt all die Städte auf, die er dort gesehen hat. Er möchte wissen, ob ich San Pedro besucht habe, und freut sich sehr, dass ich auch im Mondtal war und in Tulor, Quitor und sogar Machuca.

Mit zwei kleinen Schafen setze ich meine Reise fort, wieder entlang der Pazifikküste, vorbei an

Trompetenblumen, Rosen, Stiefmütterchen und Palmen. Plötzlich brechen Sonnenstrahlen aus den grauen Wolken, die grünen Wiesen und roten Fuchsien leuchten auf.

„Minga, Kartoffelernte!", ruft Manolo und deutet nach rechts, wo die Bewohner verschiedener Gemeinden sich gegenseitig helfen, aus der braunen Erde die Kartoffeln zu graben. Was für ein buntes Bild! Die Frauen tragen blaue oder rote oder lila Röcke, ihre Kartoffelsäcke sind rosa. Leben die Menschen hier doch noch in vergangener Zeit? Sind deshalb ihre Sagen so lebendig?

Zwergenhaft, nicht größer als 80 Zentimeter, mit abstoßend hässlichen Gesichtszügen, aber einem sanften und sinnlichen Blick, führt El Trauco, der keine Füße hat und sich auf einen Holzstock oder eine Hacke stützt, ein zurückgezogenes Leben im Wald, ernährt sich von wild wachsenden Früchten. Auf Frauen wirkt er trotz seines abschreckenden Äußeren unwiderstehlich. Jungen Mädchen erscheint er in erotischen Träumen, erregt sie, besitzt sie. Das Mädchen erwacht, sieht sich nackt, ist zornig, weint. Nach neun Monaten kommt ein Sohn des Trauco zur Welt.

Wir erreichen die Bucht Bahia Punihuel. In einem kleinen Holzhaus bekommt jeder von uns eine grüne Latzhose mit Gummistiefeln daran. Gregor schimpft, nie zuvor in seinem Leben habe er so etwas angezogen. Ich auch nicht, und habe Schwierigkeiten, meine Füße in die Stiefel zu bekommen. Lena setzt eine schwarze Wollmütze auf. Damit sieht sie aus wie fünfzehn, wie eine Schülerin. Nachdem wir ein gutes Stück durch das Wasser gewatet sind, klettern wir in einen Kahn und gleiten hinüber zu den kleinen Inseln, um die Welt der Fische und Vögel so nahe wie möglich zu erleben.

Noch verschwommen in ihren Umrissen streicht sich die zauberhaft schöne Pincoya, Tochter des Millalobo, König der Meere, und seiner Gattin Huenchula, über ihre langen blonden Haare, tritt heraus aus dem Nebel und beginnt mit Pincoy, ihrem Bruder und Ehemann, zu tanzen. In höchster Anspannung gehen sie aufeinander zu, drehen sich immer schneller, vollführen einen rasenden Tanz am Strand, begleitet von den Meerestieren. Dann verlangsamen sich ihre Schritte, Pincoya bleibt stehen, schreitet auf das Meer zu, aus dem nun Fische und Meeresfrüchte im Überfluss herausdrängen.

Ein Fischotter schwimmt vorbei, Pinguine hocken auf Felsen und schlagen mit ihren Flügeln oder wackeln in eleganter Kleidung hinab zum Meer. Kormorane, grauschwarz wie die Felsen, Wildgänse und Möwen kreisen über uns, fliegen weiter.

Die schöne Pincoya macht nicht nur das Meer fruchtbar, sie steht auch den Fischern zur Seite. So fürchten die Chiloten, die meist nicht schwimmen können, auf ihren gefährlichen Fahrten das Meer nicht.

Sollten sie in einem Sturm ihr Leben verlieren, dann wird sie Pincoya auf das Schiff Caleuche bringen, sie dort zum Leben erwecken, wo sie für immer der Besatzung dieses Geisterschiffes angehören werden.

In dem kleinen Restaurant bestelle ich den Fisch „Corvina", der mit zwei großen geschälten Kartoffeln serviert wird. Marco setzt sich zu mir.

„Woher nahm meine Großmutter den Mut für die Fremde? Sicher war doch auch ihr ein Ende ihres Lebens bewusst. Oder war vielleicht gerade das der Grund?"

„Du wirst es erfahren", antwortet Marco etwas gleichgültig. „Ich habe meine Ahnenforschung abgehakt. Mit meinen Eltern fahre ich oft nach Neapel, da leben noch zwei Schwestern und ein Onkel meines Vaters. Das genügt mir an Verwandtschaft!" Er lacht. „Und meine Mutter fährt gerne hin, nur ist die Fahrt von Düsseldorf zum Vesuv ziemlich lang."

Lena und Birgit bestellen einen Espresso. Birgit wirkt müde. Die junge blonde Wirtin bringt das Gästebuch und erzählt uns, dass sie aus Göttingen komme.

„Und was machen Sie hier?", fragt Lena.

„Ich zähle Pinguine! Und außerdem habe ich dieses kleine Restaurant eröffnet."

„Pinguine zählen?" Lena betrachtet sie höchst überrascht.

„Ja, für die Forschungsstation."

„Aber das alles machen Sie doch nicht allein?", will Marco wissen.

„Der Mann, der Ihnen die Latzhosen austeilte, ist mein Lebensgefährte. Gefällt Ihnen Chile?"

„Wir sind begeistert!", antworten wir. Nur Birgit schweigt. Als ob ihre schmalen Lippen keine Äußerung zulassen wollten.

Patagonien
Steppe, Wind und Gletscher

Statt einer viertägigen Schiffsreise fliegen wir in wenigen Stunden von Puerto Montt nach **Punta Arenas.** Wo bin ich da gelandet, frage ich mich, als wir gegen 15 Uhr das Flugzeug verlassen. Schwer hängen graue Wolken über dem schwarzblauen Meer, hinter dem schneebedeckte Berge aufragen. Es ist kalt. Nein, Manolo hat keine Stadtbesichtigung vorgesehen. Punta Arenas ist nur Ausgangspunkt für unsere Fahrt durch Patagonien. Wir erfahren, dass diese Stadt einst Strafkolonie war. Auch jener Bernhard Philippi, der für die chilenische Regierung den Kolonialisierungs-Plan entworfen hatte, wurde hierher strafversetzt und später, auf Grund eines Racheaktes, in einen Hinterhalt gelockt und erschlagen. Als im beginnenden Industriezeitalter die Schiffe das Kap Hoorn umfahren mussten – den Panamakanal gab es ja noch nicht –, um Weizen aus Australien oder Öl aus Texas zu transportieren, erlebte Punta Arenas großen Wohlstand. Zur gleichen Zeit wurde die Stadt Umschlageplatz für Schafwolle.

Wir fahren entlang der Magellanstraße, entlang an einem schwarzen Meer, in dem verloren kleine Inseln dämmern. Dahinter sehen wir Feuerland. Es war der portugiesische Seefahrer Fernando Magellan, der im Auftrag von König Karl I., später Karl V., zur ersten Weltumseglung aufbrach. Mit fünf Schiffen und 256 Mann Besatzung stach er am 10. August 1519 in See. Magellan vermutete in Südamerika eine Durchfahrt zum Pazifischen Ozean. Aus diesem Grund vor allem, doch auch auf der Suche nach den Gewürzinseln, segelte er nach Westen. Am 13. Dezember erreichte er die heutige Bucht von Rio de Janeiro, im Januar den Rio della Plata. Wenige Monate später sah er großgewachsene Menschen, die sein Bordchronist, der Italiener Antonio Pigafetta, „Patagonier" – „Großfüßler" – nannte, was dieser Region Chiles ihren Namen gab: Patagonien.

Trotz Meutereien, Hinrichtungen und Skorbut fand Magellan tatsächlich, mit inzwischen nur noch drei Schiffen, die von ihm vermutete Meeresenge, die heute nach ihm benannte Magellanstraße, und damit den Zugang zum Stillen Ozean – der so still nicht ist. Doch die Stürme, die Magellan bis dahin begleitet hatten, legten sich an dem Tag, an dem er die Meerespassage entdeckte. So wirkte dieser Ozean auf ihn „pazifisch".

Wir fahren durch endlos weites, flaches Land. Ein menschenleeres Land. Scheinbar ohne Farben. Geisterhaft wirken die Überreste von Plattformen

der ENAP-Gesellschaft, der staatlichen chilenischen Mineralölgesellschaft, die Ende der siebzi-
ger, Anfang der achtziger Jahre hier Erdöl gewon-
nen hatte. Die schnurgerade Straße führt vorbei an
graugrünen Weideflächen, auf welche ein gewalti-
ges graues Wolkenmeer niederzustürzen droht. Kilometer reihen sich an Kilometer. Die Einsamkeit
breitet sich aus über kleinen Meeresbuchten, auf
deren indigoblauem Wasser weiße Kämme zittern.
Plötzlich ducken sich rechts von der Straße acht
Häuschen mit blauen oder roten Dächern. Wie
lebt man inmitten dieser Einöde?
Wir sehen Minenfelder, Überreste aus einem
Grenzkonflikt zwischen Argentinien und Chile.
Stacheldraht und rote Schildchen mit Aufschriften
in englischer und spanischer Sprache weisen auf
die Gefahr hin. Aus der unermesslich weiten Steppe wachsen nun kleine Hügel. Tiefes Dunkelgrün
hat sich über das Land gelegt, wird unerwartet auf-
gerissen von dünnen Sonnenstrahlen. Ein großes
Stück blauen Himmels steht jetzt über der grünen
Ebene, die einst mit Wald bedeckt war. Bis 1960
wurden hier Brandrodungen durchgeführt.
Wie ein Fluss zieht sich die schwarze Asphaltstraße
weiter durch die Ebene. Rechts und links Pflöcke
und Zäune, denn alles Land hier ist in Privatbesitz.
Die Eigentümer der Schaffarmen, der „Estancias" – meist waren es Briten, die das Gebiet hier er-

schlossen und sich niederließen –, bekamen einst pro Tier einen Quadratkilometer Land. Allende gelang es in einer Agrarreform, manche der riesengroßen Güter zu teilen und Arbeiter einzustellen. Heute befinden sich etwa zwanzig Estancias in Familienbesitz, doch die meisten von ihnen werden jetzt an Amerikaner verkauft, da die junge Generation die Ländereien nicht übernehmen möchte. Die Amerikaner sehen im Erwerb der Estancias allerdings eine große Attraktion für Touristen. Als damals, etwa um 1880, die Schafzucht im Süden Chiles begann, hoffte man, durch die Wolle der Tiere rasch zu immensem Reichtum zu gelangen. Manche der eingewanderten Großgrundbesitzer, die Schafbarone, erwarben Grundstücke in der Größe eines europäischen Staates. Sie zäunten alle ihre Grundstücke ein. Die indianischen Ureinwohner wurden von Killern getötet, die dafür Kopfgeld erhielten.

Plötzlich stehen sie vor uns, die Geisterbäume Patagoniens: weiße Bäume, die Äste ohne Blätter.

Manche Stämme sind geborsten, oder liegen skelettartig am Boden in Sumpfgebieten, sind von Flechten bewachsen. Ein nicht enden wollender Geisterwald streckt seine gespenstischen Arme aus. Große Schafherden weiden vor einer Estancia. Um das Familienhaus scharen sich die Unterkünfte der Saisonarbeiter, eine Schmiede, ein Backhaus, eine Werkstatt, die Halle zum Scheren der Schafe. Die

Besitzer dieser großen Güter, so erzählt uns Manolo, halten engen Kontakt zueinander. Sie besuchen sich häufig, trotz der weiten Entfernungen, feiern gemeinsam Feste.

Völlig unerwartet stehen Flamingos unbeweglich in einer Lagune. Ein Regenbogen spannt sich über ein großes, weißes Totenfeld abgeholzter Bäume. Ihre kahlen Äste recken sich zum Himmel. Aufgehäufte weiße Stämme und verletzte Baumstümpfe klagen stumm auf roter Erde. Aus der Ebene vor uns steigt dunkel und düster ein kleiner Tafelberg, der **Morro Chico**, hier, nahe der Grenze zu Argentinien. Manolo hält vor einem weißen Herrschaftsgebäude mit vielen Fenstern. Drei Räume dieses Familienhauses dienen als Restaurant. Rustikale Holzstühle stehen um runde Tische mit rotweiß gewürfelten Tischdecken. Ich bestelle Matetee.

Auf der Weiterfahrt erheben sich vor uns hohe, dunkle Berge, zum Teil schneebedeckt. Die Einöde schimmert nun goldgelb, dann rötlich im Schein der späten Sonne, die aus einer dunklen Wolkenwand noch einmal herausbricht. Nach 254 Kilometern Fahrt durch endlose Steppenlandschaft: eine große Wasserfläche, der **Seno Ultima Esperanza,** der **Meerbusen Letzte Hoffnung**. Hier, weiterhin am Ende der Welt, senkt sich nun die Abenddämmerung auf armselige Wellblechhäuser und Wellblechhütten, auf **Puerto Natales.**

Bäume in Patagonien

Nachdem Manolo wieder die Zimmer verteilt hat, machen Marco und ich einen Spaziergang auf der Uferpromenade. Kalt bläst der Wind über unsere Köpfe. Der Wind Patagoniens! Bis zu einer Geschwindigkeit von einhundert Stundenkilometern kann er über die Ebene hinwegfegen. Der höchste Berg des Paine-Massivs ragt stolz und verschlossen jenseits des tiefschwarzen Meeres empor. Jahrelang dominierten in Puerto Natales Schlacht- und Kühlhäuser. Heute lockt die Stadt hauptsächlich die Besucher an, welche in die Wunder des Naturparks Torres del Paine eintauchen möchten.

In einem kleinen Restaurant wärmen wir uns am Ölofen. Und betrachten das große Gemälde an der dunkelbraunen Holzwand uns gegenüber: Vor düsteren dunkelgrünen Bergen mit Schneehauben, hinter denen sich im Schein der untergehenden Sonne die orangefarbenen Torres del Paine erheben, weiden auf einer Wiese zwei Guanakos, ein hochgewachsener Strauß und mehrere kleine Schafe.

„Fast wie die drei Zinnen in Südtirol", meint Marco und widmet sich der Speisekarte. Wir bestellen „Milanese Kaiser" mit Reis, was sich als Cordon Bleu entpuppt.

Frau Burger und Herr Hinziger betreten das Lokal. Beide tragen heute rote Pullover.

„Was kann man hier essen?", fragt Herr Hinziger.

„Wir können es kaum erwarten, bis wir zurückfliegen. Die Reise ist zu anstrengend für uns. Wenn ich zu Hause bin, gehe ich gleich zum Arzt", erklärt Frau Burger.

Herr Hinziger blickt weiterhin ratlos auf die Speisekarte, während Frau Burger das Heimatbild betrachtet.

„Wenn das jetzt Kühe wären", überlegt sie, „dann könnte das auch bei uns hängen."

Marco rückt ungeduldig auf seinem Stuhl hin und her.

„Waren Sie schon einmal in Südamerika?"

„Ja, natürlich", antworten sie gleichzeitig. „Wir kennen die Welt! Sie müssten uns fragen, wo wir noch nicht waren!"

Ich blicke Marco an.

„Zahlen wir?"

Er nickt erleichtert.

In schwarzer, kalter Nacht suchen wir den Weg zu unserem Hotel. Marco legt den Arm um mich.

„Weißt du jetzt, warum deine Großmutter in Chile blieb?"

„Vielleicht hat sie sich ja verliebt. Fand hier einen Mann, der ihr jene Wärme gab, die sie ein Leben lang vermisst hatte."

„In ihrem Alter?"

„Warum nicht?"

In der Bar des Hotels trinken wir noch Pisco Sour, schauen auf den flimmernden Bildschirm, über den wagemutige Reiter galoppieren, holen an der Rezeption die Schlüssel.

„Unsere Zimmer liegen nebeneinander", sagt Marco.
„Ich weiß. "

Der Frühstücksraum ist fast leer. Marco schenkt mir Kaffee ein. Wir sprechen wenig.
Aus den verschiedenen kleinen Straßen rund um das Hotel eilen unsere Mitreisenden herbei. Ihre Hände sind noch voll beschäftigt mit Riemen und Schlaufen und Taschen – Ende einer Fotosafari. Immer beklemmender empfinde ich die Kälte, das dunkle Meer, die schwarzen Berge, die düsteren Wolken, die herabzufallen drohen.
Um halb neun Uhr lässt Manolo den Motor an. Auch er trägt hier einen Pullover. Er wird uns heute zur Höhle Milodón bringen. Auf unserem Weg dorthin erfahren wir, dass in dieser Höhle ein prähistorisches Riesenfaultier, ein Milodón, gelebt habe, und dass vielleicht heute noch weitere Milodóns dort leben, denn man fand Knochen und ein Stück Haut.
„Das Loch Ness von Patagonien", ruft Gregor laut.
Zunächst fliegen Schwarzhalsschwäne über uns hinweg, dann zwei Riesenbussarde. Und wieder führt die Straße durch Steppenlandschaft, vorbei an Zäunen und Schafherden. Dann, plötzlich, zwei Gauchos. Dick angezogen mit wattierten Jacken und Mützen, reiten sie gemächlich auf ihren Pfer-

den. Drei Hunde springen vor ihnen. Vor dem Schild „Fin Camino Publico" – „Ende des öffentlichen Weges" – biegt Manolo nach rechts ab. Kurz vor dem gigantischen, drohend in den Himmel ragenden Felsen, dem „Silla del Diabolo" – dem „Teufelsfelsen" – beginnt der Pfad zum Eingang der Höhle. Gewaltig in ihren Ausmaßen – 30 Meter hoch, 80 Meter breit und 200 Meter tief – soll sie Wohnraum für die Ureinwohner Patagoniens gewesen sein, und für die Riesenfaultiere. Eines davon begrüßt die Besucher stehend, in Lebensgröße, als eindrucksvolle Nachbildung. Doch die Knochenreste, die gefunden wurden, sind, wie man inzwischen weiß, 10.000 Jahr alt – und stammen nicht aus unserer Zeit. Aber ein sehr lebendiger Fuchs rennt während unseres Rundgangs durch die Höhle.

Still ist es hier, sehr, sehr still.

Wieder durchfahren wir Steppenlandschaft auf dem Weg zum Naturpark **Torres del Paine**. Wirbeln auf der Schotterpiste Staub hoch auf. Graue Wolken lasten über grauem Wasser. Kein Haus. Kein Gaucho.

Stolz und majestätisch zeigt sich das Paine-Massiv. Manolo weist auf den Unterschied zwischen den „Torres" – „Türme" – und „Cuernos" – „Hörner"–hin. Schwarze Kondore fliegen hoch über uns; mit ihren weit ausgebreiteten Schwingen segeln sie ruhig und unbeirrt. Bis zu einer Höhe von 6.000 Metern können sie aufsteigen.

„Wo wohnen sie eigentlich?", fragt Birgit und schreibt eifrig in ihr Tagebuch.

„Hoch oben in Höhlen", höre ich Manolo sagen.

Wir halten in **Cerro Castillo** vor einer Kaffeestube, um die sich etwa zwölf Häuser scharen. Dieser kleine Ort liegt direkt am Grenzübergang zu Argentinien. Mitleidlos fegt der kalte Wind über uns hinweg, nimmt uns den Atem, will uns den Zugang zu den zwei Räumen des Cafés verwehren. In dem einfachen Laden neben der Cafeteria spendet ein Kanonenofen Wärme. Ich bestelle eine Tasse heiße Schokolade.

Frau Burger setzt sich zu mir.

„Ich weiß gar nicht, was ich trinken soll. Schmeckt die Schokolade denn?"

„Sehr merkwürdig. Wo ist Ihr Mann?"

„Er will fotografieren und filmen. Er macht schöne Filme."

Sie schweigt.

„Wissen Sie …"

Ihre Finger berühren die roten Würfel der Tischdecke. Sie vermeidet die weißen.

„Wissen Sie", beginnt sie wieder, „mein Mann war ja schon einmal verheiratet. Hat einen Sohn und eine Tochter. Aber die wollen nichts mehr von ihm wissen. Dabei ist er doch schon seit über zwanzig Jahren geschieden."

Die Bedienung bringt ein Glas schwarzen Tee.

„Er hat sogar ein Enkelkind. Das durfte er nie sehen. Sein Sohn hat vor ein paar Jahren geheiratet. Das erfuhr er nur von früheren Nachbarn, mit denen er noch Kontakt hat."

„Und gibt es niemanden, der vermitteln könnte?"

Sie schüttelt den Kopf.

„Wissen Sie", sie trinkt einen Schluck, „jetzt hat er auch seinen Stolz. Jetzt unternimmt er nichts mehr. Jahrelang schrieb er den Kindern zum Geburtstag und zu Weihnachten. Anfangs erhielt er auch eine Karte von ihnen; seit Jahren aber – nichts, nichts mehr. Keine Karte, kein Anruf. Er hat keine Kinder mehr."

Ich blicke sie an. Sehe ihre müden Augen.

„Haben Sie Kinder?", fragt sie mich.

„Nein, ich bin auch nicht verheiratet. War es nie."

„Seien Sie froh", meint sie.

Ich betrachte die Ansichtskarten, Ketten, Bücher, aus Holz geschnitzte Tiere in allen Größen. Nein, das hässliche Faultier kaufe ich nicht.

Birgit vergleicht die Ansichtskarten.

„Eigentlich habe ich schon alle. Mir fehlt nur noch ein Kondor."

Gegen Mittag rattern wir weiter auf vertrauter Schotterpiste, doch immerhin ohne Querrillen.

Ungeschützt klar zeigen sich die Torres, granitfarben, leicht rosa überzogen. Und plötzlich sind sie wieder da, die Guanakos, die ich am anderen Ende Chiles, im weit entfernten Norden, in der Atacama-Wüste, lieben gelernt habe. Ein Guanako nach dem anderen überquert die Straße. Manche bleiben stehen und schauen uns hochnäsig an.

Am Eingang zum Nationalpark Torres del Paine, der 1959 gegründet wurde und heute von der chilenischen Forstbehörde CONAF verwaltet wird, müssen wir zunächst ein Anmeldeformular ausfüllen. Dann fahren wir, inmitten grüner Hügel, hinauf und hinab, durch sanfte Gebirgstäler, vorbei an grünen Almwiesen und erreichen den stillen **See Pehoé.** In seinem Türkisgrün scheint er der Märchenwelt anzugehören. Ein Regenbogen spannt seine Farben über ihn.

„Salto Grande 500 mtr", teilt uns ein Schild mit. Gegen den stürmischen Wind ankämpfend, steigen wir den halben Kilometer hinauf zum Wasserfall. Tosend stürzen die Wassermassen hinab, hochauf spritzt und dampft weiße Gischt. Erschrocken hüllt sich das Paine-Massiv in dunkles Grau. Drohend steht der schwarze Himmel über den Torres, die jetzt ganz von Dunkelheit verschluckt werden.

„Wer geht weiter mit zum Aussichtspunkt?", ruft Manolo und zieht die Kapuze seiner Regenjacke über den Kopf.

„Du?", fragt mich Marco.

„Nein. Nicht bei diesem Wind. Und ich will nicht in diese dunkle Wand hineinlaufen."

„Gehst du mit?", fragt Lena ihr Freundin.

Nur Marco und ich lassen uns vom Rückenwind fast hinabtragen, den zaghaften Sonnenstrahlen entgegen, zurück zum Pehoé-See. Träumen in seinem Türkisgrün, das im Sonnenlicht jetzt immer heller aufleuchtet. Die Torres jedoch verbergen sich weiterhin hinter einem Nebelmantel.

Die Wanderer kommen zurück. Durchnässt, frierend, schweigend. Ihr Lächeln haben sie im kalten Regen verloren. Stumm sitzen wir im Bus. Auch Manolo schweigt. Marco nimmt meine Hand.

„Wenn sie nicht mehr frieren, lächeln sie auch wieder", flüstert er mir ins Ohr.

Lena ruft Manolo laut zu, dass er die Wanderung zum Aussichtspunkt hätte ausfallen lassen sollen. Bei diesem Wetter!

„Ich hatte euch doch gefragt", verteidigt er sich.

„Trotzdem", meint Lena, „wir kennen die Wetterverhältnisse doch nicht so gut wie du!"

„Es hätte da oben ja auch die Sonne scheinen können", bemerkt Gregor ironisch.

„Und so kalt war es nun auch wieder nicht!", stellt Herr Hinziger fest.

Warum unterstützt sie niemand? Haben die anderen keine nassen Füße?

Lena lässt sich auf ihren Sitz zurückfallen.

„Man hätte das alles besser organisieren müssen", murmelt sie vor sich hin.

„Das Wetter kannst du nicht organisieren", erwidert Marco und lächelt sie fröhlich an.

Endlich erreichen wir unser Hotel am Lago Grey. Mein Zimmer ist wunderbar geheizt.

In der Hotelbar wird zur Begrüßung Pisco Sour gereicht. Dann werden wir an einen elegant gedeckten Tisch mit Blumenschmuck und Kerzen gebeten.

Der Ober serviert kleine Empanadas als Vorspeise.

„Ich habe mein Zimmer mit Lena getauscht", teilt mir Marco mit, als Manolo uns auf den morgigen Tag vorbereitet: die Fahrt zu den Gletschern. Mütze, Schal und Handschuhe dürfen wir keinesfalls vergessen.

Wir genießen den Lachs und den Weißwein und hoffen auf gutes Wetter für unsere abenteuerliche Fahrt mitten hinein zu den Gletschern der „Región de Magallanes y Antarctica Chilena".

Marco und ich gehen noch an die Bar, unterhalten uns mit zwei Amerikanern. Auch sie reisen in einer kleinen Gruppe.

„Nur Chile? Aber es gibt noch mehr Länder auf diesem Kontinent. Wir machen ganz Südamerika in 35 Tagen. Morgen geht es zum Kap Hoorn."

Sie bestellen sich noch einen Whisky. Zur Vorbereitung auf das Kap, wie sie sagen.

Wir gehen zu unseren Zimmern.

„Ich werde dich morgen wecken", sagt Marco, und fügt etwas ironisch hinzu „Und vergiss nicht Mütze, Schal und Handschuhe."

Ich lege mir alles zurecht, auch die Tablette gegen Seekrankheit.

Wie so oft taste ich in meinem kleinen Rucksack nach den Fotos, die mir Onkel Ernst immer wieder aus Chile schickte, und nach dem einen Brief von ihm, den ich mitnahm.

Bald werde ich in Valparaiso sein – in seiner Stadt, der Stadt von Tante Hanna, der Stadt von meiner Großmutter. Erst nach Hannas Tod flog er nach Deutschland, um ihre Geschwister kennen zu lernen. Hanna hatte sie nie besuchen wollen, hatte nie nach Deutschland zurück gewollt. Einmal traf ich mich mit Onkel Ernst. Er umarmte mich damals, gab mir einen Wangenkuss.

„Du siehst Hanna sehr ähnlich", sagte er und blickte mich lange an.

„Erzähl mir von ihr! Ich habe sie doch nie gesehen."

„Sie war eine stolze Frau. Nie hat sie den Namen von Carlos' Vater preisgegeben."

Hatte ich das richtig verstanden?

„Das heißt – Carlos war nicht euer gemeinsamer Sohn?"

„Nein, wir heirateten, als Carlos schon fünf Jahre alt war."

Ich konnte meine Überraschung kaum verbergen.

„Das wusste ich auch nicht!"

„Wir führten eine glückliche Ehe. Und Omama, so nannten wir deine Großmutter, lebte viele, viele Jahre mit uns."

„Hanna hat wirklich niemandem gesagt, wer der Vater von Carlos ist?"

„Nein."

Ernst lächelte. Dann zeigte er mir Fotos von Hanna.

Sah sie mir ähnlich?

Hier hält sie große Tomaten in ihren Händen, blickt skeptisch in die Kamera. Ihren Mund, ihre vollen, weichen Lippen, hat sie etwas geöffnet.

Habe ich ihre Augen?

Ihre dunklen, leicht gewellten Haare sind kurz geschnitten. Sie trägt einen Mittelscheitel.

„Sie ist gerne geritten", erklärte Ernst und zeigte mir weitere Fotos.

„Und Hunde liebte sie über alles!"

Er lachte.

„Später wurde sie sehr korpulent. Und geraucht hat sie immer."

Ja, auf diesem Foto sitzt sie in einem Korbsessel, hat die Beine übereinandergeschlagen, hält eine Zigarette in der Hand. Und sie trägt ein breites Collier.

Ich lege die Fotos zur Seite, falte jenen Brief auseinander, den ich auf diese Reise mitgenommen hatte.

„… in der Nacht vom 13. bis 14. April ist mein Sohn Carlos ganz plötzlich im Alter von 57 Jahren mit Herzschlag von uns gegangen. Er hat einen schönen, schnellen

Tod ohne Schmerzen, ohne langes Krankenlager gehabt.
Da er zur Comandariera der Bomberos — Feuerwehr —
von Valparaiso gehörte, wurde er den 15. April abends
um 21 Uhr von der Feuerwehrkompanie mit Fackeln und
Musik zum Friedhof gebracht ... "

Ja, ich habe wohl die Antwort gefunden. Um Carlos, ihren
Enkel, endlich zu sehen, fuhr meine Großmutter damals
nach Chile.

Und ich lese hier, am Lago Grey, von seinem Tod, seiner
Beerdigung. Mache ich eine Reise zu den Toten? Ich versu-
che mir Alicia vorzustellen, die Frau von Carlos. In Val-
paraiso werde ich sie besuchen. Was wird sie mir erzählen?
Was weiß sie?

Ich stecke den Brief und die Fotos wieder weg. Schalte das
Licht aus.

Mein Telefon läutet.

Ein englisches Frühstück erwartet uns. Gregor und
Herr Hinziger laufen auf der Terrasse hin und her,
fotografieren aus jedem Winkel die hohen, schneebedeckten, so bizarr geformten Berge.

Birgit blickt hilflos auf bacon and eggs, auf Würst-
chen und Käse. Endlich entdeckt sie einen Joghurt.
Sie löffelt ihn missmutig.

„Was ist los?", frage ich sie.

„Mir reicht die Reise. Ich möchte endlich wieder
zu Hause sein."

„Freust du dich nicht auf die Gletscherfahrt?"

74

„Die mache ich nicht mit."
Wieder verbreitet sie Unnahbarkeit. Hält die Augen gesenkt. Habe ich sie je lachen gesehen?

Unser Kleinbus bringt uns zu einer Hängebrücke am See, die wir vorsichtig überqueren. Sie ist lang! Und sie schwankt heftig! Dann laufen wir durch hellen, feinen Sand zu einer Bucht, in der schon ein Boot wartet. Wieder müssen wir Schwimmwesten anlegen, schwarz-rot gestreifte.
Lena zündet sich eine Zigarette an. Streicht sich immer wieder ihren Pony aus der Stirn.
„Die Schwimmwesten kennen wir ja von Chiloé", bemerkt Gregor. Sein Verschluss klemmt. Er ruft nach Juliane. Wirft ihr vor, dass sie viel zu lange brauche, um seine Weste zu schließen. Sie wehrt sich nicht. Betont ruhig streicht sie eine Haarsträhne aus ihrem Gesicht, setzt wieder ihre große Sonnenbrille auf.
Dicht gedrängt sitzen wir auf nassen Holzbänken und rattern über den Lago Grey. Die Wellen schlagen hoch, immer weiter fahren wir hinaus. Das Wasser schwappt über uns. Ich ducke mich. Es ist Gregor, der vor mir sitzt und mir Schutz bietet, während er triefnass den Bootsfahrer beschimpft – der kein Wort versteht. Endlich erreichen wir einen kleinen Katamaran. Unser Boot fährt dicht an ihn heran, wir klettern eine kurze, steile Leiter hoch.

Die Gletscherfahrt beginnt.

Düster ragen hohe gezackte Berggipfel in graue Wolken. Ich sehe eine Schutzhütte auf halber Höhe, später am Ufer einen Campingplatz, davor einige Boote.

Ich versuche die Klinke der Tür herunterzudrücken, möchte die dunklen abweisenden Bergwände fotografieren. Heftiger Wind zerrt an meiner Kamera. Ich gehe wieder zurück. Durch das Fenster erblicke ich ein kleines, hellblaues, spitzes Stück Eis, das sich neugierig aus dem graubraunen Wasser vor den schwarzen hohen Bergen in die Höhe reckt: Vorbote des Gletschers Grey. Immer mehr Eisspitzen strecken sich jetzt aus dem See, wachsen, verdichten sich, breiten sich aus.

Erneut kämpfe ich an Deck gegen den Wind. Näher und näher rücken die blauen Wände. Eine Wunderwelt aus schillerndem blauem Eis hat sich vor mir aufgerichtet. Blaue Eisberge umarmen einen kleinen See, blaue Gletscherwände ragen immer höher auf, neigen sich zueinander, drohen aufeinander zu fallen, reißen ihre Wände auf, öffnen sich zu Spalten und Höhlen.

An Bord wird Whisky on the rocks gereicht, „echte rocks", aus dem Gletscher geholte Eisbrocken.

Schweigend und bedrohend türmen sich blaue Eisgebirgswände vor meinen Händen auf. Ängstlich verharrt unser winzig gewordener Katamaran, bis er schließlich vorsichtig und behutsam zurück tuckert, diese blaue Unwirklichkeit verlässt.

Schweigend legen wir am Ufer an. Geben die Schwimmwesten auf die Bänke. Werden ausgebootet und laufen zurück zum Hotel. Leichter Regen setzt ein. Das Paine-Massiv verhüllt sich in Wolken.

Unsere Fahrt durch Chile neigt sich dem Ende entgegen.

Müde und schweigsam sitzen wir wieder im Bus. Wieder fährt uns Manolo vorbei an schneebedeckten Bergen und smaragdgrünen Seen. Auch er schweigt. Intensiv. Eine Guanakoherde steht am Straßenrand. In immer weiterer Ferne verbleiben die Berge und Seen. Steppe breitet sich erneut vor uns aus. Ein Schaf überquert ruhig und langsam unsere Schotterpiste. Ein schwarzer Hund hetzt es den Hang hinauf. Plötzlich leuchtet die Steppe goldgelb auf. Nur kurz. Schwarze Wolkenschatten fallen auf sie herab, decken sie zu.

Puerto Natales – wieder. Tanken. Kaffeepause. Dann fahren wir weiter Richtung Norden zur Estancia Rio Verde am Skyring-Sund. Auf der Insel dahinter leben wilde Pferde, bemerkt Manolo. Ein schmaler Pfad führt zu einem weiß gestrichenen Gebäude, auf dessen rotem Dach in großen Buchstaben der Name der Estancia steht.

Die Besitzerin begrüßt uns auf Englisch, mit ausdrucksloser Miene. Sie weist dann darauf hin, dass wir sparsam mit dem Wasser umgehen sollen. Es sei knapp in Patagonien. Bettwäsche und Handtücher könnten leicht koloriert sein, da sie mit Flusswasser gewaschen werden. Sie zeigt uns die Zimmer.

Ich öffne einen Raum mit dunkelroten Wänden, einem breiten Messingbett mit blauen Decken, einer Kommode mit großem Spiegel darüber, einem kleinen Waschbecken, schweren dunkelblauen Vorhängen. Winzige weiße Spitzengardinen halten sich an den kleinen Fensterscheiben fest. Ich blicke ins Bad. Auch hier ist es kalt.

Rasch packe ich aus. Marco betrachtet die Möbel.

„Hier will man vergangene Zeiten festhalten."

Wir gehen den langen Gang vor zum Restaurant. Unser letzter gemeinsamer Abend heute.

Im unförmig großen Kamin hängt ein geschlachtetes Lamm. Auf den Holztischen mit grün-weiß gewürfelten Tischtüchern, Holztellern, Gläsern und vielen Weinflaschen stehen kleine runde Stövchen, mit heißer Kohle gefüllt, welche die Platten mit Lamm- und Hühnerfleisch wärmen. Ein junges Mädchen legt auf jeden Teller eine Pellkartoffel. Manolo schenkt Pisco Sour ein. Tabletts mit Empanadas werden gereicht. Gregor füllt die Rotweingläser. Wir stoßen an. Trinken viel.

„Wart ihr zufrieden?", fragt Manolo und lacht, erlöst und erleichtert.

Auch wir lachen, rufen ein lautes „Ja!".

„Wir fliegen ja noch nach Tahiti", teilt Gregor mit. „Ich muss mir doch mein zweites Tatoo machen lassen, hier, auf der linken Wade."

Er zieht sein Hosenbein hoch.

Birgit blickt zu Juliane.

„Lässt du dich auch tätowieren?"

„Die doch nicht!", bemerkt Gregor abfällig. Und schenkt jedem Wein nach. Wieder schweigt Juliane.

„Wie habt ihr euch eigentlich kennen gelernt?", will jetzt Frau Burger wissen. Sie und Herr Hinziger sind um Jahre gealtert auf dieser Reise.

„In Neuseeland", antwortet Gregor. „Vor fünf Jahren. Seitdem machen wir immer gemeinsam Urlaub. Wir wohnen nicht zusammen. Sie", er deutet mit dem Finger auf Juliane, „lebt in Hannover, ich in München."

„Das ist wohl auch besser so", bemerkt Marco leise neben mir.

Ich betrachte ihre feinen Gesichtszüge. Blicke zu Gregor, auf seine kräftige Figur, seine rotblonden Haare, die betont sportliche Kleidung. Was verbindet die beiden? Ihre Verschiedenheit?

Birgit schweigt. Wie viele Sätze habe ich auf dieser Reise mit ihr gesprochen?

„Wo wohnst du eigentlich?"

„In Berlin. In einem kleinen Apartment. Seitdem ich geschieden bin."

Sie will nicht weiterreden. Dreht ihr Weinglas zwischen ihren Fingern.

„Ein letzter Schluck!", ruft Manolo. „Um acht Uhr gibt es Frühstück."

Marco und ich gehen noch einmal hinaus in den Garten. Blicken nach oben in das funkelnde, glitzernde Sternenmeer.

„Dort!" Marco streckt seinen rechten Arm aus. „Siehst du dort die drei Sterne nebeneinander? Rechts davon leuchten vier Sterne besonders hell. Wenn du sie senkrecht und waagrecht miteinander verbindest, entsteht ein Kreuz, das Kreuz des Südens."

Endlich, denke ich, endlich sehe ich es. Wie oft habe ich es gesucht.

„Aber eigentlich sehe ich fünf Sterne."

„Ja, rechts, da ist ein fünfter Stern. Doch er liegt schon außerhalb des Kreuzes."

Lange betrachten wir dieses Sternbild. Ich habe es gefunden, endlich.

Wir gehen zurück ins Haus. Treten in tiefe Stille. Öffnen die Tür meines Zimmers. Tasten nach dem Lichtschalter. Er funktioniert nicht. Wir blicken in tiefschwarze Finsternis.

„Warte ein bisschen. Die Augen gewöhnen sich an die Dunkelheit", sagt Marco leise.

„Wo war denn das Bett gestanden?"

„Irgendwo rechts. Vor uns müsste die Tür zum Bad sein."

Vorsichtig tasten wir uns an der Wand entlang nach rechts. Spüren weiche Decken.

„Gab es nicht einen Nachttisch?", frage ich.

„Ja, und darauf stand eine Taschenlampe. Jetzt wissen wir, warum."

Ich taste weiter. Fühle den Nachttisch, die Taschenlampe, knipse sie an. Sie geht sofort wieder aus.

„Hast du etwas gesehen?"

„Ja, deinen Koffer. Über den sollten wir nicht stolpern!"

Ich knipse die Lampe erneut an. Ein kurzer heller Blitz zuckt über die Vorhänge. Vorsichtig bewegt sich Marco in ihre Richtung, zieht sie zurück. Sternenlicht schimmert durch die kleinen Fenster in die Schwärze, in die unwirkliche Stille.

Wir wärmen uns gegenseitig unter den schweren Decken.

„Hast du dir unsere letzte gemeinsame Nacht so vorgestellt?", fragt mich Marco und drückt mich fest an sich. Dann steht er auf, tappt zu den kleinen Fenstern.

„Der Mond! Er leuchtet ganz hell!"

Vorsichtig öffnet er ein Fenster. Hell blinken auch die Sterne, auf die der Mond ziemlich missmutig blickt.

Am nächsten Morgen entdecken wir auf der Kommode das Begrüßungsblatt der Estancia und lesen, dass dies kein Hotel sei. Ab 23 Uhr arbeite der Generator nicht mehr, und erst ab 7.30 Uhr gebe es wieder Strom.

Sorgfältig wie immer schlichtet Manolo unser Gepäck in den Kleinbus.

Ehe wir einsteigen, werfen wir noch einen Blick in die riesige Halle, in der gerade mit der Schafschur begonnen wird. Ein älterer Mann mit weißem Bart hält die beiden Vorderläufe des Schafes, das auf dem Boden sitzt, hoch, während ein anderer, jüngerer, an den Hinterläufen mit der Schur beginnt. Das Schaf nimmt die Prozedur anscheinend gelassen hin – und all die anderen Schafe schauen ruhig und aufmerksam zu.

Wieder Steppe, wieder Piste. Inzwischen ein längst vertrauter Anblick. Dann endlich die Asphaltstraße. Nach sechzig Meilen haben wir den Flughafen von Punta Arenas erreicht. Wir haben Zeit. Marco und ich trinken noch einen Espresso.

„Du schreibst mir, ob du deine Großmutter gefunden hast?"

„Ich würde es dir gern erzählen. Europa ist so klein geworden nach dieser Reise von Calama bis Punta Arenas."

Nach ungefähr vier Stunden landen wir in Santiago. Marco begleitet mich ein Stück auf dem langen Weg zur Gepäckausgabe. Wir umarmen uns. Kurz. Zu viele Emotionen.

Santiago

Vorbereitung

Mit dem Taxi fahre ich zum Hotel im Zentrum. Lange werde ich nicht in Santiago bleiben. Nur zwei, drei Tage. Um die Eindrücke dieser langen Reise zu sortieren. Dann Valparaiso.

Ich werde Alicia kennen lernen, die Witwe von Carlos, von dessen Tod mir Onkel Ernst vor vielen Jahren geschrieben hatte in jenem Brief, den ich am Lago Grey wieder einmal las.

Ich lege mich auf das Sofa, noch ganz in Gedanken in Patagonien. Bei Marco, den das Flugzeug durch die Nacht zurück nach Düsseldorf bringt.

In jener Nacht in Puerto Natales liebten wir uns im Bewusstsein endloser braungrüner Einsamkeit, klagender, verletzter Bäume, und undurchdringlicher Stille. Als wären wir beide die einzigen Menschen hier, umgeben von grenzenloser Öde und dunklen Bergen. Eine fast verzweifelte Umarmung.

Ich starre auf die Zimmerdecke. Vorbei. Vorbei die Nacht von Puerto Natales. Vorbei die Wüste, die Seen, die Gletscher. Nicht die Begegnung mit Marco.

Ich habe das Land meiner Großmutter gesehen. Noch immer weiß ich nicht, warum sie hier blieb.

Ich greife wieder nach dem Briefumschlag in meinem Ruck-
sack.
Zögere, Alicias Telefonnummer in Valparaiso zu wählen.
Ob sie überhaupt zu Hause ist? In welcher Sprache wer-
den wir miteinander sprechen? Schließlich wähle ich die
Nummer. Warte.
„Si?"
Eine helle Stimme. Klar. Bestimmt. Ich nenne meinen Na-
men, erkläre, wer ich bin. Sage diese wenigen Worte auf
Spanisch.
Langes Schweigen nistet sich im Telefon ein. Hat sie mich
nicht verstanden? Dann höre ich, wie sie meinen Namen
wiederholt − mit ungläubigem Staunen −, wie sie lacht,
zwischen Freude und Verlegenheit. Eine Flut spanischer,
englischer, deutscher Wörter bricht über mich herein. Ja, sie
freue sich auf mich. Ich könne kommen, wann immer ich
möchte. Sie sei die meiste Zeit zu Hause.
Die Wände meines Zimmers rücken immer näher. Ich laufe
hinaus auf die Straße. Brauche Zeit. Möchte die Begeg-
nung noch hinauszögern.

Ich schaue mir die älteste Kirche Santiagos an, die
rotbemalte Iglesia de San Francisco, ganz in der
Nähe meines Hotels. Welch ein Prunk in dieser
kleinen Kirche! Der barocke Altar erinnert mich an
eine Schlossfassade. Über der Kanzel schwebt ein
türkisfarbener Baldachin. Das ehemalige dazugehörige Kloster ist heute Museum, in dem die No-
belpreisurkunde der Schriftstellerin Gabriela Mis-

tral ausgestellt ist. Bisher kannte ich nur Pablo Neruda als Nobelpreisträger. Sie hat überwiegend Lyrik geschrieben, lese ich, meist religiösen Inhalts, meist melancholisch. Ich setze mich auf eine der Steinbänke in dem kleinen, stillen Garten. Üppig rankende Pflanzen tasten sich die Bäume und weißen Säulen hinauf. Grüne Stille liegt auf Blättern und Zweigen.

Ich trete wieder hinaus in das grelle Sonnenlicht, in das Rauschen und Hupen der Fahrzeuge. In einer kleinen Bar bestelle ich Kaffee und ein Stück Kuchen. Betrachte meinen Stadtplan. Morgen werde ich noch in Santiago bleiben.

Ich gehe die Hauptstraße entlang und biege ein in die Fußgängerzone Paseo Ahumada. Die hohen Häuser scheinen die Luft zum Atmen für sich allein zu beanspruchen, laute Musik stürzt aus den Geschäften, Menschen schieben sich dicht an mir vorbei: elegante Frauen in Hosenanzügen, Männer in dunklem Jackett und heller Hose. Zwischen ihnen der Schuhputzer, der Lotterieverkäufer, der Bettler, der Prediger, der laut schreiend Bibeltexte hinausstößt. Ich atme auf, als ich die Plaza de Armas erreiche, diesen weiten, großen Platz mit seinen beschützenden Bäumen und lächelnden Blumen.

Düstere Stille umfasst mich in der großen, langgestreckten Kathedrale mit den zwei Türmen. Nach und nach erst erkenne ich die verschiedenen Altäre, die Statuen, die Stuckverzierungen. Im Reiseführer lese ich, dass die Kathedrale seit dem 16. Jahrhundert an dieser Stelle steht – aber insgesamt fünfmal umgebaut wurde, meist auf Grund von Erdbeben. Mit dem heutigen Bau begann man 1745. Die Doppeltürme kamen erst 1899 dazu.

Vorbei an dem leuchtend weißen Postamt, das einem Theater gleicht, laufe ich weiter zum Mercado Central. Nahezu freistehend auf einem großen Platz wirkt dieses Gebäude mit weißen Bögen und weißen Markisen wie Teil eines Bühnenbildes. Der hohe Innenraum – eine kunstvolle Stahlkonstruktion – bleibt trotz der großen Fenster dunkel, fast düster. An den einzelnen Ständen erhellen Lampen die Obst- und Gemüsesorten, die Vielfalt der Fische, aber auch Kunsthandwerk und Blumen. Ein Restaurant drängt sich ans andere, die Ober davor bitten jeden Besucher mit freundlichem Lächeln und einladender Geste einzutreten.

Ich schlendere jedoch weiter zum ehemaligen Bahnhof, der Estación Mapocho, der heute für Ausstellungen genutzt wird. Staunend betrachte ich die reich verzierte Fassade aus hellem Stein und dunkelgrünem Stahl, eine stilvolle Gestaltung, die sich in der Eingangshalle fortsetzt. Da in Kürze hier ein Empfang stattfinden wird, muss ich das Gebäude wieder verlassen. Draußen eilt hektisch sprudelnd vom Hügel Cerro San Cristobal der Mapocho-Fluss herab, dessen Name aus der Sprache der Mapuche-Indianer stammt: „Fluss, der sich im Land verliert". In einer einfachen Imbissstube an seinem Ufer bestelle ich ein Käsesandwich, Mineralwasser und Kaffee. Offenbar wagt sich kein Tourist hierher. Ich sehe nur Einheimische, sehr einfach gekleidet; manches Gesicht erinnert an Indios.

Mit der U-Bahn fahre ich zur Plaza Baquedano, durchquere das Viertel Bellavista, und erreiche La Chascona, eines der vier Häuser, die der chilenische Nobelpreisträger von 1971, Pablo Neruda, bewohnt hatte. Hier lebte er mit Matilde Urrutia, seiner dritten Frau. Eigentlich sind es drei kleine Häuser, heute Museum. Führungen, für die man sich anmelden muss, werden in verschiedenen Sprachen angeboten. Ich bekomme eine Eintrittskarte für 16.15 Uhr, in spanischer Sprache. Eine Stunde habe ich noch Zeit. Im sehr geschmackvoll eingerichteten Café-Shop bestelle ich einen Cappuccino. Ich betrachte die Gäste, die alle auf ihre Führung warten: Engländer, Spanier, Franzosen, Deutsche. Interessiert blättern sie in den verschiedenen Büchern über Neruda. Dieses Café ist eine Oase in der Millionenstadt Santiago. Über die kleine Terrasse weht ein leichter Wind. Blumen schmücken die Hauswände, den Hof, ranken sich an den Treppengeländern hoch.

Seine Sammelleidenschaft konnte Neruda nie stillen. Gläser reihen sich neben Porzellan, russische Puppen sitzen und stehen unter Fotos, Bildern, Widmungen. Seine besondere Liebe galt den Schiffsmöbeln. Ein Raum mit schräg gehaltenem Fußboden vermittelt die Illusion, sich auf einem Ozeanriesen zu befinden. Jedes Zimmer wirkt bewohnt, lädt ein zum Bleiben, zu Gesprächen mit Freunden, zum Schreiben.

Und doch – wird mir tatsächlich die ursprüngliche Einrichtung gezeigt? La Chascona wurde nur drei Tage, nachdem Pinochet an die Macht gekommen war, vom Militär fast völlig zerstört. Nichts sollte in Santiago an Neruda, den engen Freund Allendes, erinnern. Erst siebzehn Jahre nach Pablo Nerudas Tod wurden 1990 die Türen dieses Hauses wieder geöffnet.

Santiago lässt mich nicht los. Sechs Millionen Menschen von vierzehn Millionen Einwohnern leben hier in kühn und ästhetisch konstruierten Hochhäusern, umgeben von großzügigen Parkanlagen, angesichts schneebedeckter Anden, die bei Sonnenuntergang, einem dunkellila Wall gleichend, die Stadt bewachen. Aufgeteilt in die unterschiedlichsten barrios, die Stadtviertel. In ihnen finden sich vergessene Häuser aus der Kolonialzeit, zusammengeflickte Behausungen in den Armenvierteln, die streng getrennt sind von den Villen der Reichen. Und in dieser Stadt überfüllter U-Bahnwaggons, chaotischen Verkehrs und hastender Menschen beherbergt das Museo Nacional de Historia Natural den immer noch nicht entschlüsselten Schatz eines fast vergessenen Volkes von einer weit entfernten Insel mitten im Pazifischen Ozean: Schrifttafeln der Osterinsel. In Glasvitrinen warten drei dunkelbraune ovale Tafeln auf die Entzifferung ihrer Zeichen. Beinhalten sie historische Ereignisse? Kultische Gesänge? Ich betrachte sie lange. Sie sind meine erste Begegnung mit Rapa Nui. Und birgt nicht die Stille des großen Parks mit seinen blühenden Bäumen, seinem See und seinen schmalen Pfaden an der Rückseite des Museums, hier mitten in der Millionenstadt Santiago, schon etwas von der Verlorenheit der Insel?

Valparaiso

Angekommen

Nach drei Stunden Busfahrt treffe ich in Valparaiso ein.
Das Taxi hält vor einem schmalen, weißen Haus. Ich gehe
durch den Vorgarten. Drücke auf den Klingelknopf. Eine
schlanke, hochgewachsene Frau steht im Türrahmen. Gel-
ber Pullover, blaue Jeans, eine Zigarette in der Hand. Glat-
te, weiße, halblang geschnittene Haare. Sie umarmt mich,
drückt mich an sich, schüttet – wieder – einen Schwall von
Worten aus verschiedenen Sprachen über mich. Dann führt
mich Alicia in ihr Wohnzimmer. Ich nehme dunkle Möbel
wahr. Auf einer Kommode haben sich Fotografien grup-
piert. Auf dem Schreibtisch ein Laptop, ein Drucker, viel
Papier. Die Terrassentür steht weit offen. Blumen leuchten
in Rot und Weiß und Gelb.
„Ernst hat von dir erzählt. Auch dass du Hanna so ähnlich
siehst. Wir wohnten ja lange Zeit alle zusammen. Früher in
einem viel größeren, mehrstöckigen Haus, mit Innenhof.“
Alicia geht in die kleine Küche, setzt eine Espressokanne
auf die Herdplatte.
„Heute wohne ich hier allein. Meine Kinder und Enkel-
kinder sind in der ganzen Welt verstreut: Australien, Ko-
lumbien, Nordamerika.“
Sie schweigt.
Wir setzen uns auf die Sessel vor dem Kamin.

„Wie war deine Reise?"

Ich erzähle von der Wüste, vom Osorno.

„Dahin fuhren wir auch einmal. Noch mit Omama. Nach Frutillar – warst du dort? Da wird noch Deutsch gesprochen."

„Ja, ein bisschen. Eigentlich nur von den älteren Bewohnern."

Wir schweigen.

Alicia steht auf.

„Ich habe Fotos für dich herausgesucht."

Sie bringt einen großen dunklen Karton. Erklärt mir alle Personen. Kinder, Schwiegertöchter, Schwiegersöhne, manche in zweiter Ehe, Enkel.

„Und ich wohne jetzt in diesem Haus allein. Deine Tante Hanna, dein Onkel Ernst, mein Mann Carlos – er war ja dein Cousin –, keiner von ihnen lebt mehr."

Aufmerksam betrachte ich die Gesichter, suche Ähnlichkeiten. Sie sind alle mit mir verwandt? Ich erschrecke vor so viel Familie.

„Keiner von den deutschen Verwandten hat uns je besucht. Du bist die Erste, die sich für uns interessiert."

Sie steht wieder auf. Bringt mir eine rote Mappe. Ich öffne sie vorsichtig. Weitere Fotos, Dokumente, und ein kleiner roter Personalausweis.

„Die Mappe ist für dich. Nimm sie mit nach Deutschland."

Lange betrachte ich ein ziemlich großes Foto. Zum ersten Mal sehe ich meine Großmutter als junge Frau. Ein weiches, rundes Gesicht. Die dunklen Haare im Nacken zusammengesteckt. Mit ihren Händen hält sie ein Baby im langen Taufkleid hoch, lächelt es verträumt an. Sie trägt eine elegante Bluse, hochgeschlossen, mit weiten Ärmeln.

Schließlich lege ich das Bild zurück in die Mappe.

„Besuchst du mich noch einmal?", fragt Alicia.

„Natürlich, gern. Ich komme morgen wieder."

„Wir könnten dann gemeinsam zum Friedhof fahren."

In meinem Hotelzimmer öffne ich wieder die rote Mappe. Breite die Dokumente und Fotografien auf dem Tisch aus. Fast ungläubig betrachte ich all die Schriftstücke, Ausweise, Bescheinigungen. Und immer wieder die Fotos. Besonders lange betrachte ich die Aufnahme, die beide zeigt – meine Großmutter und meinen Großvater. Den ich ja nur als Kind für einen kurzen Moment auf der Straße gesehen hatte. Sie stehen nebeneinander vor einem ovalen Holztisch, auf dem drei Bücher liegen. Meine Großmutter trägt eine weiße Spitzenbluse und einen dunklen Rock. Sie hat ein bisschen zugenommen. Ihre Haare sind gewellt, ein Scheitel ist angedeutet. Ihre großen Augen blicken wissend, und ernst. Mein Großvater legt den Arm um ihre Schulter, nein, wohl auf den Rücken, denn seine Hand sieht man nicht. Auch er blickt in die Kamera, sehr selbstbewusst, vielleicht auch stolz auf seinen gezwirbelten Bart. Dann greife ich nach dem Bild, das meine Großmutter im Alter zeigt. Dem Datum nach die letzte Aufnahme vor ihrem Tod. Sie sitzt im Sessel, neben ihr steht ein kleines Mädchen.

Ich gehe hinunter in die Bar. Bestelle ein Glas Rotwein.

„Sie machen Urlaub hier?", fragt der Barkeeper.

„Ja, ein paar Tage. Ich besuche Verwandte."

„Es gibt viele Deutsche in Chile. Auch meine Vorfahren kommen aus Deutschland, aus dem Harz."

„Und – können Sie noch Deutsch?"

Er lacht.

„Ein paar Wörter. Nein, ich spreche Spanisch und ein bisschen ein schlechtes Englisch."

Ich setze mich in einen der braunen runden Ledersessel. Schaue hinüber zu den Nachrichten im Fernsehen.

Mein Großvater war ein gut aussehender Mann, wie ich seit ein paar Stunden weiß. Er hatte immer Frauen gehabt, hatte mir meine Mutter einmal erzählt. Und außerdem spielte er Billard und Karten. Da blieb nicht mehr viel Geld übrig für die Familie, für die acht Kinder. Meine Großmutter wollte auch einfach ein neues Leben anfangen! Hatte genug von ihrem Ehemann! Ihre Kinder waren alle erwachsen, verheiratet. Auch der Jüngste, mein Vater. Sie lebten meist in anderen Städten. So einfach ist das, sage ich zu mir. Was hätte sie halten sollen in der großen Altbauwohnung mitten in der Stadt? Sie war ihrer Zeit weit voraus, begann ein neues Leben auf einem anderen Kontinent.

Ich stehe auf.

„Gehen Sie schon schlafen?", fragt der Barkeeper.

„Ich bin müde", antworte ich ihm

„Buenas noches", meint er freundlich, als ich zum Aufzug gehe.

Ich öffne noch einmal die Mappe.

Sehe ein „Bezirksärztliches Gutachten", ausgestellt 1936, das bescheinigt, dass meine Großmutter „weder geistesschwach noch geisteskrank sei". Dann werden Krankheiten aufgeführt, die sie nicht hat, und es wird bestätigt, dass sie „körperlich rüstig und arbeitsfähig" sei. Ich sehe einen Impfschein, die Rechnung für die Überfahrt. Nachdenklich ordne ich die Papiere wieder.

Ich versuche zu schlafen.

Die Straße zieht sich steil nach oben. Wir fahren an einer hellen Mauer entlang. Häuser drängen den Hügel hinauf. Unter uns das tiefblaue Meer, die Bucht umschlossen von weißen Wohntürmen. Ein großes Passagierschiff ruht im Hafen.

Wir parken. Gehen hinauf zu dem breiten Eingangstor aus dunkelgrauem Stein. Palmen und Bougainvilleen säumen die Wege. Die Grabsteine werden von breit ausladenden Baumwipfeln beschützt. Es gibt hier die verschiedensten, nach Nationen eingeteilte, Bereiche. Ich lese Namen wie Stolle, Gropp, Hoffmeister, Winkler, von Dessauer. Alicia geht ein Stück voraus, biegt nach rechts zu einem schmalen Pfad.

„Ich bin oft hier", meint sie.

Dichter Efeu ergießt sich über die Grabplatte. Am Kopfende der stehende Stein, von Efeublättern eingerahmt. Ich lese den Namen meiner Großmutter, ihren Geburtstag, ihren Todestag Sie liegt hier begraben neben ihrer Tochter, ihrem Schwiegersohn, ihrem Enkel.

Alicia setzt sich auf die Grabsteinkante. Wartet. Dann steht sie auf, zupft ein paar Efeublätter ab, lässt sie auf den Weg fallen. Blickt auf die Inschriften. Der Steinmetz hat Platz gelassen für ihren Namen. Noch hat sie Zeit.

„Es müsste heißen ‚Frieden‘, nicht ‚Friedem‘“, sage ich, nur um etwas zu sagen.

Alicia nickt.

„Dabei wurden alle Inschriften erst vor wenigen Jahren erneuert.“

Langsam gehen wir zurück zum Ausgang. Fahren hinunter zum Hafen. In einem großen zweistöckigen Restaurant bestellen wir eine Fischplatte. Noch sitzen nur wenige Besucher an den Tischen. Die Worte der Unterhaltung, das Rutschen der Stühle, alles hallt in dem hohen Raum. Erst als wir schon den Kaffee trinken, füllt sich das Lokal. Meist sind es Familien, mehrere Generationen, die hier laut sprechend und lachend Platz nehmen, und sich viel Zeit lassen bei der Bestellung der Speisen. Unser großer Tisch direkt am Fenster gibt den Blick frei auf den Hafen, die bunten Schiffe, die gegenüberliegenden Häuser. Eine fröhliche Stadt, denke ich.

„Omama hat Valparaiso geliebt. Es sei alles so anders hier, so heiter, sagte sie immer wieder. Ihr gefielen die bunten Häuser, die Seilbahnen, die Aufzüge. Ich kann dir auch das Haus zeigen, in dem wir früher lebten. Es ist nicht allzu weit von hier entfernt. Allerdings weiß ich nicht, wer jetzt darin wohnt.“

„Gern, ja. Aber lass mir noch etwas Zeit. Ich rufe dich an."

Sie hat sich wohlgefühlt in dieser Stadt? In diesem Häusergewirr? In einer Stadt, deren Hügel mit Häusern bewachsen sind? Die mit einer anderen Stadt zusammengewachsen ist, mit Viña del Mar? Wo endet die eine, wo beginnt die andere? Ich lasse mich treiben in dieser Häuserwirrnis, steige dann in eine gelb-blaue Seilbahn ein, die mich hinauf zu einem der vielen Hügel Valparaisos bringt. Fast senkrecht fährt sie nach oben, eine von sechzehn Bahnen, die zwischen 1880 und 1914 gebaut wurden und die mich, mit Holzbank und Holzfußboden, sehr an eine alte Straßenbahn erinnert. Eine viel zu kurze Fahrt! Von hier oben genieße ich den Blick auf Valparaiso, auf Viña del Mar, auf das spiegelglatte blaue Meer, den Hafen, die Schiffe. Die Hochhäuser sind ein bisschen kleiner geworden, die Bäume gewachsen. Ich gehe vor zu dem Museo Naval, einem prächtigen weißen Gebäude, zu dem eine breite Steintreppe führt. Davor reihen sich Buden mit Töpferware, Bildern, Schmuck, Schnitzereien, Ansichtskarten, Schals und Mützen.
Ich kaufe einige Karten und beschließe, zu Fuß in die Stadt hinunterzugehen. Der schmale Weg, nur zum Teil gepflastert, führt vorbei an halb zerfallenen Gebäuden und Wellblechhütten. Ein hagerer Mann in abgetragener Kleidung schiebt auf einer Karre Koffer und Plastiksäcke. Neugierig bleibe ich stehen. Er läutet bei Hausbewohnern, sammelt alles ein, was sie wegwerfen wollen: Kleinmöbel, Schuhe,

Kleider. Dann läutet er ein paar Häuser weiter und bietet die soeben erworbene Ware zum Verkauf an. Ich setze meinen Weg fort hinab in die Stadt, vorbei an renovierten Bauten, farbenfrohen Häusern, Elendshütten, vor denen Wäsche zum Trocknen hängt.

Bunte Seilbahnen, bunte Häuser — verdecken die fröhlichen Farben die Armut? Je länger ich durch die Gassen bummle, umso mehr erinnert mich diese Stadt an eine Theaterkulisse, hineingestellt in eine weite Bucht, als ob Valparaiso mit seinen fast 300.000 Einwohnern eine Spielzeugstadt wäre, aufgebaut am Pazifik, der hier seinen Namen zu Recht zu tragen scheint.

Es ist ein grauer Vormittag, von zartem Dunstschleier umhüllt, an dem wir in die Familienvergangenheit reisen. Im chaotischen Straßenverkehr von Valparaiso sucht sich Alicias kleines rotes Auto seinen Weg hinauf zu einem Haus auf einer Anhöhe der Stadt. Wir halten vor einer weißen Mauer, über die rote und orangefarbene Bougainvilleen fallen. Hinter einer schwarzen Eisentür ist ein mehrstöckiges Gebäude mit Außentreppe, Terrasse, vielen Fenstern und Türen zu erkennen.

Hier also lebte sie.

Alicia drückt auf den Klingelknopf. Einmal. Dann noch einmal.

Eine junge Männerstimme antwortet. Nur wenige Wörter verstehe ich in diesem Dialog durch die Sprechanlage: aleman, familia. Zögernd öffnet sich die Eisentür.

Oben auf der Treppe blickt eine blonde, etwas rundliche Frau neugierig zu uns herab, wie auch der schlanke, dunkelhaarige, junge Mann neben ihr. Ein großgewachsener, grauhaariger Herr stellt sich hinter die beiden. Sie lächeln, winken uns zu sich hinauf und begrüßen uns überaus freundlich – noch immer nicht wissend, wer da ihr Haus betreten hat. Wir werden in das Wohnzimmer gebeten – ein behaglicher, großer Raum mit auffallend vielen Keramikfiguren. Hier muss jemand töpfern, geht es mir durch den Kopf, und ich betrachte die blonde Frau, die uns so liebenswürdig in ihr Haus gebeten hat. Wir nehmen auf den Sesseln vor dem Kamin Platz.

„Möchten Sie Kaffee?"

Der Hausherr geht in die Küche.

Alicia beginnt zu erklären, wer wir sind. Und immer größer wird das Staunen der jetzigen Bewohner.

„Dann leben wir nun in dem Haus ihrer Großmutter? Und Sie kommen aus Deutschland, um dieses Haus kennen zu lernen?"

Der Hausherr lacht. Schenkt Kaffee ein.

„Wie hießen denn Ihre Verwandten?"

Als Alicia ihm die Namen nennt, da springt er plötzlich auf, eilt in ein anderes Zimmer und kommt mit einer Rechnung zurück.

„Hier, schauen Sie! Jetzt begreife ich alles. Meine Wasserrechnung wird immer noch auf den Namen Ihres Schwiegervaters ausgestellt! Wie oft schrieb ich an die Behörde! Doch jetzt gefällt mir der Gedanke, diesen Na-

men beizubehalten, jetzt, da ich Sie kennen gelernt habe."

Ich blicke auf die Bilder, die Wandteller, dann auf das Geschirr und die Gläser in der dunklen Vitrine. Wie sah es früher hier aus?

„Kommen Sie, wir zeigen Ihnen alle Räume!"

Und nun folgen Zimmer auf Zimmer. Zunächst das Studio der Hausfrau, die Tonfiguren bemalt. Dann, im ersten Stock, die Schlafzimmer und das Studio des Hausherrn. Hier quellen keine Farbkästen aus den Regalen, sondern Bücher.

„Ich bin Zahnarzt, habe wenig Freizeit. Mein Hobby ist das Lesen. Ich bräuchte ein zweites Leben, um all die Bücher zu lesen, die ich noch lesen möchte!"

Weitere Türen werden geöffnet. Wir sehen ein Schrankzimmer, dann ein Schuhzimmer.

„Seit wann wohnen Sie hier?", frage ich.

„Wir haben das Haus vor vier Jahren gekauft."

„Und wer bewohnte es all die Jahre davor?"

„Wir kennen die vorherigen Bewohner nicht. Wir hätten es Ihnen gerne erzählt."

Wir steigen nun die Außentreppe hinab und blicken in einen Innenhof, in dem drei große schwarze Hunde umher springen.

Ich bleibe stehen. Blicke fast ungläubig auf diesen Innenhof. Das Foto. Im langen Kleid, eine Strickjacke darüber, die weißen Haare nach hinten gesteckt, hält meine Großmutter in ihrer rechten Hand eine Schüssel. Ein großer

Hund blickt zu ihr auf. Sein Fell ist hell. Sie scheint ihm etwas zu sagen. Hinter ihr wachsen hohe, weiß blühende Blumen. Ja, ich kenne diesen Innenhof.

Wir gehen zurück ins Wohnzimmer. Sind still geworden.

„Wir fühlen uns sehr, sehr wohl in diesem Haus", bemerkt der Zahnarzt. Und seine Frau nickt zustimmend.

„Von Anfang an. Ich glaube, jetzt wissen wir, warum — der gute Geist Ihrer Großmutter, Ihrer Familie, die sich hier ja offenbar sehr wohl gefühlt hat, den spüren wir. Und jetzt, da wir Sie kennen lernten, freuen wir uns noch mehr darüber, dass wir gerade dieses Haus gekauft haben."

Wir tauschen Adressen aus, bedanken uns.

Langsam gehen wir die Steintreppe hinab. Ich mache noch ein paar Fotos. Entdecke an der Mauer das alte Schild, mit dem Straßennamen und der Hausnummer, die ich so oft auf den Briefumschlag an meinen Onkel schrieb. Daneben sehe ich ein neues, buntes Schild, mit dem Straßennamen in gelber Schrift, aber anderer Hausnummer.

Wir fahren zurück. Im Schweigen.

Ich habe sie also gefunden. Nicht nur in Dokumenten und Fotos, sondern auch in ihrem Zuhause. In dem sie noch zu spüren ist. Und im Innenhof werden weiterhin Hunde gefüttert. Die Vergangenheit ist lebendig geworden, ist eingedrungen in die Gegenwart, eins geworden mit dem Heute.

Alicia und ich essen in einem kleinen Restaurant zu Abend. Der Ober hat uns einen runden Tisch direkt am Fenster angeboten. Wir blicken auf die Passanten, die lachen, sich umarmen, ohne sich richtig wahrzunehmen. Un-

sere Gedanken, Empfindungen, Erinnerungen weilen noch in jenem Haus.

„Warum gibt es eigentlich keine Briefe von Oma?", frage ich schließlich Alicia.

„Ich nehme an, sie hat nie an ihre Familie in Deutschland geschrieben. Vielleicht anfangs, aber später? Das hier war ihr Zuhause. Ihre Tochter, ihr Schwiegersohn, ihr Enkel. Sie fühlte sich sehr, sehr wohl in diesem Umfeld. Und wir mochten sie alle."

Also doch – ein neues Leben. Erneut bewundere ich ihren Mut, ihre Zuversicht. Ihren Optimismus. Sie hat immer viel gelacht. Ich erinnere mich wieder an diesen Satz meiner Mutter. Und ich stelle mir vor, sie wüsste, dass ich hier bin, ich, ihre Enkelin, die sie nie gesehen hat. Dass sie zusah, wie ich durch das Haus ging, die Hunde im Innenhof erkannte. Ob sie überhaupt von mir gewusst hat? Warum habe ich das Onkel Ernst nie gefragt?

Alicia fährt mich zum Hotel. In der Bar trinken wir noch einen Kaffee. Ich bedanke mich bei ihr. Für alles.

„Wirst du wieder einmal nach Chile kommen?"

„Ich denke schon. Chile ist so ein wunderbares Land. Und jetzt die Osterinsel! Ich fliege zu den moai, die mir Ernst immer geschickt hatte. Er musste sehr lachen, als ich ihm erzählte, ich hatte stets geglaubt, die Osterinsel läge direkt vor Valparaiso. Und dabei ist sie fast viertausend Kilometer von der chilenischen Küste entfernt. Jetzt werde ich es sein, die Ansichtskarten mit moai verschickt! Zu dir wird auch einer kommen!"

Alicia lacht.

„Ich bin froh, dass wir uns kennengelernt haben", meint sie.

Wir umarmen uns. Vermeiden einen langen Abschied.

Ich gehe auf mein Zimmer.

Packe wieder.

Freue mich auf die Osterinsel.

Osterinsel

Die grüne Stille der moai

Es ist ein langer Flug. Fünf Stunden für knapp viertausend Kilometer. Die Isla de Pascua ist die am weitesten von einem Festland entfernte Insel. Die Einheimischen nennen sie Rapa Nui – „Großer weißer Flecken" oder „Großer Stein". Es gibt aber auch ganz andere Namen wie Te Pito O Te Henua – „Nabel der Welt" – oder Mata Ki Te Rangi – „Augen, die zum Himmel schauen". Osterinsel – damit verband ich stets etwas unsagbar weit Entferntes, Unwirkliches, eigentlich nicht Greifbares. Immer wieder betrachtete ich die Ansichtskarten, die ich von Onkel Ernst bekam. Es machte ihm Spaß, mir diese Steinfiguren, die großen Köpfe mit ihrem unfrohen Gesichtsausdruck, zu schicken. Sie wurden im Laufe der Jahre Persönlichkeiten, aus einer Familie stammend, einer mit dem anderen verwandt. Ich hatte meine moai-Familie nebeneinander ins Regal gestellt, so wie andere Fotos ihrer Familienangehörigen. Nun würde ich sie also in ihrer Ursprünglichkeit sehen, nicht auf leblosen Fotografien.
Die Maschine landet auf einem kleinen, beschaulichen Flugplatz mit dem anspruchsvollen Namen

„Internationaler Flughafen Mataveri". Ein Flugzeug pro Tag kommt hier in der Hauptstadt Hanga Roa an und versorgt die Bewohner vor allem mit Lebensmitteln und Getränken. Ein warmer Wind weht über die Palmen und einen moai – ja, da steht er, der erste, den ich sehe: groß, missmutig, und sehr vertraut. Unter einem grauen Himmel, aus dem Regentropfen auf ihn fallen, von seinem Kopf abspringen.

Ein großes Taxi fährt mich zum Hotel. Der Fahrer hält vor hohen Hibiskushecken und Bananenstauden, zwischen denen ein schmaler Weg zu sehen ist, jedoch kein Hotel. Das entdecke ich erst, nachdem ich ein Stück auf dem Pfad gegangen bin: ein langgestrecktes, ebenerdiges, helles Gebäude mit dunklen Türen in unregelmäßigen Abständen. Ich suche den Empfang. Entdecke schließlich ein Brett an einer Holzwand mit der Aufschrift „Rezeption". Eine Klingel oder Glocke gibt es nicht. Ich warte. Eine liebenswürdig lächelnde Frau kommt auf mich zu, ruft einen Namen. Endlich erscheint ein junges Mädchen und führt mich zur Holztür Nummer sechs. Dahinter verbirgt sich ein einfaches Zimmer mit breitem Bett, Tisch, Stuhl, Schrank. Hinter der großen Glaswand wachsen undurchdringlich Grünpflanzen, aus denen rote und gelbe Blüten schimmern. Ich drücke kräftig auf die Klinke zum Bad. Nägel an den Wänden ersetzen Haken für die Handtücher. Die Badewanne zeigt mir den Rost vieler Jahre, aber die Dusche überrascht mit warmem Wasser. Ein Hotel der einfachen Kategorie, doch mit dem Preis eines Vier-Sterne-Hauses.

Mein Weg führt zunächst zum Friedhof. Es ist ein fröhlicher Friedhof, mit meist weißen Steinkreuzen und verschwenderisch blühenden gelben Blumen, eher ein großer, stiller Garten. Ich genieße den warmen, milden Wind. Immer wieder sage ich zu mir: Du bist auf der Osterinsel. Es gibt sie wirklich, und du machst einen ersten Spaziergang hin zum Meer, du wirst bald auf die großen Steinfiguren treffen, hier am Pazifischen Ozean, zwölftausend Kilometer entfernt von ihrem so vertrauten Platz in deinem Regal.

Ich sehe sie schon von weitem – einsam, starr, düster. Immer höher wachsen sie empor, die fünf moai, verschieden groß, stehen stumm und unbeweglich auf ihrer Rampe, dem Ahu Vai Uri, wie auf einer Bühne. Warten auf ihren Auftritt. Es interessiert sie nicht, was hinter ihrem Rücken geschieht, welche Schiffe auf dem Meer kreuzen. Finster blicken sie ins Landesinnere. Auf Höhlenwohnungen, auf weite, hellgrüne Grasflächen, auf denen vereinzelt Pferde weiden, auf mich. Nun bin ich da, sage ich zu ihnen. Bin Tausende von Kilometern geflogen, um euch endlich die Hand zu geben. Doch ihr haltet eure Hände fest an euren Bauch, unterhalb des Nabels. Ich darf euch nur an-

schauen, euch zulächeln, zu euch sprechen. Überall
weisen Schilder darauf hin, dass ich Abstand zu
euch halten muss, euch nicht berühren darf. Blickt
ihr deshalb so gekränkt? Weiter rechts steht Ko te
Riku, der einzige Sehende, denn er hat Augen aus
weißen Korallen und schwarzem Obsidian. So
wurden die moai ursprünglich alle dargestellt.
Doch sie verloren ihre Augen – nun blicken sie die
Menschen an, ohne sie zu sehen. Sie fielen im Laufe der Jahrhunderte, meist auf Grund von Erdbeben, heraus, zersplitterten, lagen in Scherben auf
dem Boden. Doch Ko te Riku wurde nicht nur
das Augenlicht wieder geschenkt, sondern auch
seine Kopfbedeckung, der rote Hut, weil er für den
Hollywoodfilm „Rapa Nui" gebraucht wurde. Die
Einheimischen schätzen jetzt diese eher unechte
Statue weit mehr als die etwa tausend echten Moai,
die auf der ganzen Insel verstreut sind.
Ich setze mich auf den Rand einer Höhle, blicke auf
die lichtgrünen Wiesen, auf einen vorbeiziehenden
Reiter, auf die einsamen moai. Ich nehme die Stille
und Ruhe dieses Ortes auf, spüre, wie die Zeit, die zu
Hause durch meinen Tag hastet und mich bedrängt,
sich hier geduldig über die Erde legt.

Ein Taxi bringt mich zur Bucht Ovahé, im Norden
der Insel. Wir fahren durch Eukalyptuswälder,
durch Schlamm.

„Ein Sturm, vor ein paar Tagen, viel Regen", versucht mir die Taxifahrerin zu erklären.

Sie hält auf einer kleinen Anhöhe. In zwei Stunden wird sie mich wieder abholen. Vorbei an einer antiken Begräbnisstätte, die mir nicht preisgibt, woraus man schließen kann, dass es sich um einen Kultplatz handelt, klettere ich die Böschung hinab zur kleinen Bucht, in der das blaue Meer den weißen Sand umspielt. Das Wasser glitzert, Funken springen über die kleinen Wellen. Ich blicke auf die Halbinsel Poike, auf schwarze Lavasteine, hellgrüne Wiesen, grasbewachsene Hügel. Einsamkeit, Zeit und Ruhe scheinen greifbar geworden zu sein. Weit zurück liegt meine Reise von Nord nach Süd. Zwischen Fotos und Dokumenten ruht die Geschichte meiner Großmutter. Ich erlebe nur gleißende Stille und grünes Schweigen.

Da ragt ein senkrechter, kleiner, schwarzer Gegenstand aus dem Meer und bewegt sich in meine Richtung. Ich stehe auf, neugierig. Ein Schnorchel, bald darauf eine Schwimmmaske, dann kommt ein tiefgebräunter, schwarzhaariger, lachender Mann in kunterbunter Badehose auf mich zu, einen silbernen, kugelrunden Fisch in den Händen. Er spricht viel, deutet auf die kleinen Augen, die schrägen Flossen, die unzähligen silbernen Schuppen. Blickt mich an – doch ich verstehe seine Sprache nicht. Enttäuscht zuckt er mit den Schultern, lächelt noch

Osterinsel

einmal, und tappt mit seinen großen Flossen den Hügel hoch.

Ich schwimme ein Stück hinaus, kraule, lasse mich treiben. Der Strand ist kleiner geworden, als ich wieder aus dem Wasser steige. Die Wellen haschen nach meinem Badetuch. Rasch packe ich meine Tasche und klettere über die Klippen den Hang hinauf. Setze mich auf die schwarzroten Steine, blicke auf das Wasser, das meinen kleinen Sandstrand verschlungen hat und hinauf nach den Felsen greift. Als winzig weißen Punkt sehe ich mein Taxi kommen.

In dem bretonischen Restaurant am kleinen Hafen esse ich zu Abend. Bei einem Glas Pisco Sour lese ich im Reiseführer, was alles hier auf mich wartet: ein Kratersee, drei Inselchen, Petroglyphen. Der Ober serviert mir Fisch mit Süßkartoffeln, Karotten und gekochten Gurken. Ich bestelle ein Glas Chardonnay. Hat sich der Besitzer, der sich vor der Tür mit einem Einheimischen unterhält, hier einen Lebenstraum erfüllt? Blieb der Bretone auf dieser Insel hängen, wie manch anderer auch?

Langsam laufe ich zurück zu meinem Hotel. Begegne nur Hunden in der tiefschwarzen Nacht von Rapa Nui. Doch die Sterne funkeln auch hier heller als zu Hause.

Pünktlich um zehn Uhr holt mich Martin, ein Fremdenführer, in einem kleinen weißen Jeep am Hotel ab. Er stammt aus Würzburg. Besuchte die Insel das erste Mal vor vielen Jahren – und kam nicht mehr los von ihr. Die nächsten Tage wird er versuchen, mir die Geheimnisse von Rapa Nui zu erklären. Zunächst fährt er mich zu dem 324 Meter hohen Vulkan Rano Kau, um mir den schönsten Blick auf die Insel zu ermöglichen. Helles Grün erstreckt sich über Wiesen, Weiden, Hügel. Kein Baum, nur ab und zu ein Strauch. An den Hängen des Kratersees, einer verschwiegenen, unberührten Wasserfläche, besetzt mit blauen, gelben und schwarzen Flecken, wachsen Avocado- und Mangobäume und einige Weinstöcke. In früheren Zeiten hatten die Frauen in diesem Süßwassersee ihre Wäsche gewaschen, erklärt mir Martin. Vorsichtig gehen wir weiter, hintereinander, auf dem schmalen Pfad oberhalb des Kratersees und blicken hinab auf die drei kleinen Inseln Motu Kao Kao, Motu Iti und Motu Nui: vom Himmel fallen gelassene Felsbrocken, verloren in der Weite des Stillen Ozeans. Hier hat einst der Kult des „Vogelmenschen" stattgefunden. Ein Brauch, der bis 1862 ausgeübt wurde. Jeder Häuptling schickte eine auserwählte Person zu der größten der drei Inselchen. Sie sollte ihm im Frühjahr das erste Ei der schwarzen Seeschwalbe bringen, was ein sehr gefährliches Unternehmen war, da der

Auserwählte schwimmend die kleine Insel erreichen und auf diese Weise auch wieder zurück musste – mit dem Ei. Der Häuptling, der es erhielt, war dann der „Vogelmann" des Jahres. Vor uns, am Rand der Klippen, in Stein gemeißelt, sehen wir die Petroglyphen, die Männer mit Vogelköpfen, ein Ei in der Hand haltend, darstellen. Auf dieser Höhenfläche befinden sich auch die etwa fünfzig Höhlenwohnungen des Ruinendorfes „Orongo" – Rundbauten aus schwarzem Lavagestein, in welche die Bewohner nur kriechend hineingelangten. Manche der „Häuser" gleichen umgekippten Booten, da ihr Grundriss oval ist.

Ich bitte Martin, mich in Honga Roa abzusetzen. Ich möchte allein sein, allein mit den Vogelmenschen, den Höhlen, den Wiesen, dem Meer. Am kleinen Hafen setze ich mich in ein Café, schaue den Kindern zu, die unermüdlich immer wieder ins Wasser springen, den herrenlosen Hunden, den vereinzelten Motorradfahrern, den meist alten, verrosteten Autos. Ich befinde mich in der Hauptstadt der Insel. In Wahrheit ist es ein Dorf mit einer einzigen asphaltierten Straße, ebenerdigen kleinen Häusern mit Gärten und Hühnern ringsum, mit Andenkenläden und ein paar Restaurants. Ich blättere wieder einmal in meinem Reiseführer, lese von dem holländischen Admiral Jacob Roggeveen, der am Ostersonntag 1772 die Insel entdeckte. In seinem Tagebuch beschrieb er die Begegnung mit hellhäutigen Polynesiern, Menschen wie auf Tahiti – und mit den moai. Nach ihm kamen Spanier, Engländer, Sklavenhändler. Die meisten der verbliebenen Inselbewohner fielen Stammesfehden und Krankheiten zum Opfer. 1870 lebten noch 111 Ureinwohner auf Rapa Nui. Deprimiert schlage ich mein Buch zu. Grausamkeiten und Elend beherrschten die Osterinsel. Ist es eine Totenstille, die ich verspüre? Ich gehe zurück zum Hotel. Es regnet. Der Regen trommelt aufs Dach meines Zimmers, auf die schmale Terrasse. Glitzernde Tropfen sammeln sich entlang der roten Blüten der Bananenstauden, gleiten die grünen Blätter hinab. Martin will mich morgen zum Krater Rano Raraku führen, zu Hunderten von moai.

Auf zum Teil unbefestigter Straße fahren wir zum Vulkan. Gegen die Windschutzscheibe prasselt pausenlos der Regen.

„Das dauert nicht lange", versucht mich Martin zu beruhigen. „Und du siehst, es regnet hier oft."

Auf einem durchweichten Pfad stapfen wir bergauf. Martins gelbe Jacke leuchtet vor mir.

Und da liegen und stehen sie, massenweise!

„Hier, am Fuß des Berges, befinden sich siebzig Köpfe von moai", erklärt mir Martin. „Und weiter oben, an den steilen Hängen, siehst du vierhundert. Hier war der Steinbruch, hier wurden die Figuren aus dem Tuffstein herausgehauen."

Ich blicke verwirrt um mich. So hatte ich mir das nicht vorgestellt. Ja, natürlich, ich stehe in einem Steinbruch, in dem die Arbeit abgebrochen wurde. Massenware moai?

„Immer größer, immer höher wurden die Statuen. Von ursprünglich sechs Metern wuchsen sie auf einundzwanzig Meter. Schau, die da liegen noch im Fels."

„Und wie kamen sie ans Meer? Auf die Rampen?"

„Wahrscheinlich mit Holzschlitten. Damals war die Insel ja noch bewaldet."

Noch immer staunend blicke ich auf die Köpfe, die kreuz und quer liegen, die stehen, senkrecht oder schräg, mit langen Ohren, plumpen Nasen, schmalen Lippen.

Wir fahren weiter zu dem Ahu Tongariki.

Als wir uns der Bucht nähern, sehe ich sie ganz klein unten am Strand stehen, einer neben dem anderen. Wir klettern zu ihnen hinab. Betrachten schweigend diese Reihe sorgenvoll, kummervoll blickender Skulpturen, von denen jede ganz individuell gestaltet wurde.

„Diese hier sind die schönsten von ganz Polynesien", meint Martin.

Ich betrachte sie lange, gehe so nahe wie möglich an sie heran. Alle blicken auch hier ins Landesinnere. Warum nicht aufs Meer? Warum hielten sie nicht nach Schiffen Ausschau? Oder ertrugen sie die Einsamkeit nicht und wollten Menschen um sich haben?

„Welche Bedeutung hatten denn diese moai?", frage ich Martin.

„Man hat jahrelang gerätselt. Heute ist man der Meinung, dass sie Götter darstellen oder Häuptlinge von Familienclans. Man nimmt an, dass es sich bei allen Statuen um Ahnenkult handelt. Manche Wissenschaftler vertreten auch die Ansicht, dass die Einheimischen glaubten, von einem moai gingen auf das Oberhaupt einer Familie magische Kräfte aus. Alle Figuren hatten ja ursprünglich Augen."

Dann allerdings, überlege ich, hätte es wenig Sinn gehabt, sie aufs Meer blicken zu lassen.

„Und warum gibt es keine weiblichen Skulpturen?"

„Man hat einige wenige Statuen gefunden, die weibliche Merkmale aufweisen könnten, Brüste zum Beispiel, aber sicher ist man sich nicht."

Ich fotografiere die traurigen moai. Wie sie ihre Hände mit den überlangen Fingern an ihren Bauch halten. Hier endet ihr Körper. Wie bei den ersten moai, die ich in der Nähe des Friedhofs sah.

„Das hier", erklärt mir Martin und deutet lächelnd auf eine Art Gürtelschnalle, „soll ein Lendenschurz sein. Ein Penis wäre beim Transport sicher abgebrochen."

So weit war ich mit meinen Überlegungen nicht gekommen und betrachte mir die Gruppe noch einmal.

„Der Hut, den dieser eine moai trägt, wiegt sechzig Tonnen, und ist übrigens echt. Natürlich auch restauriert, wie alle Figuren hier."

Ich blicke ihn erstaunt an.

„Bei dem heftigen Erdbeben 1960 überrollte eine Flutwelle die Osterinsel. Die Figuren hier zerbrachen alle. Erst Anfang der 90er Jahre begann man mit der Restaurierung. Viele Einheimische halfen den chilenischen Wissenschaftlern bei den Aufräumungsarbeiten. Jeder Stein wurde von den Archäologen genau vermessen. In den Museen suchte man nach Fotos und Dokumenten, und so war es möglich, die Figuren wieder aufzurichten. Die Korallenaugen aber, die zerbrachen durch die Flutwelle in unzählige Splitter und konnten nicht mehr rekonstruiert werden. Von den „Hüten" hat man nur einen „wiederhergestellt".

Jetzt erst sehe ich, wie viele Bruchstücke davon verstreut am Boden liegen.

Martin weist auf eine Art Sockel, einen leeren Platz.

„Ursprünglich waren wohl sechzehn Statuen geplant. Übrigens, wenn du in den 60er Jahren gekommen wärest, hättest du keinen einzigen dieser moai sehen können."

Ehe wir zurück nach Honga Roa fahren, halten wir bei Te Pito Kura. Hier ist er also, der „Nabel der Welt": eine grauschwarze glatte Basaltkugel mit einem Durchmesser von ungefähr achtzig Zentimetern, umgeben von kreisförmig gelegten schwarzen Lavasteinen, direkt an der funkelnden weißen Gischt des Pazifik. Dieser Kugel werden magische Kräfte zugeschrieben. Martin hält einen Kompass über sie – die Nadel schlägt aus. Wir blicken uns an.

„Du siehst, die Osterinsel ist voller Geheimnisse!", sagt Martin und lacht.

Wieder in der Hauptstadt, trinken wir im Café Ra Ra einen Espresso – den besten, den ich bisher in Chile getrunken habe.

„Heute Abend gibt es eine Vorführung einheimischer Tänze. Magst du mitkommen?"

Wir verabreden uns für zehn Uhr, nach dem Abendessen.

An einem der runden Tische nehmen wir Platz. Bestellen Pisco Sour.

Immer mehr Besucher drängen in den schlichten, schmucklosen Raum, in dem nun leise Trommeln, Flötenmusik und sanfte Gesänge ertönen. Frauen in Baströcken und Bikini-Oberteil, mit einer Blume hinter dem Ohr, lächeln und wiegen sich im Takt der Musik. Dann springen zu harten Trommelschlägen Männer auf die Bühne, nur mit einem

Lendenschurz bekleidet. Auf den Pobacken wiegen sich aufgemalte Palmen. Amüsiert betrachte ich die rhythmischen Tanzschritte dieser muskulösen jungen Männer. Der Federschmuck auf ihrem Kopf bewegt sich wild, ihre nackten Füße stampfen auf den Holzboden, und die Palmen neigen sich einander zu.

Martin lächelt mich an.

„Gefallen sie dir?"

„Die Palmen oder die Tänzer?"

„Beides! Wir haben uns eben mehr Natürlichkeit bewahrt", meint er und hebt sein Glas.

Wir – sagte er. Martin ist nicht nur hängengeblieben auf der Osterinsel, geht es mir durch den Kopf, er betrachtet sich inzwischen als einen Einheimischen.

„Möchtest du irgendwann wieder zurück nach Deutschland?"

„Nein, dort käme mir alles zu beengt vor. Ich fühle mich hier sehr wohl, und ich zeige den Touristen gerne diese Insel. Ich liebe meinen Job! Außerdem habe ich gute Freunde gefunden, gerade unter den Einheimischen."

Zum ersten Mal sehe ich graue Strähnen, die sich durch sein Haar ziehen.

Er begleitet mich zurück zu meinem Hotel.

„Hast du das Kreuz des Südens gesehen?"

„Inzwischen ja", antworte ich.

„Dann wirst du wiederkommen, weil du es nun immer wieder sehen möchtest!"

Eine leichte Umarmung, ein Wangenkuss.

„Sie ist ein bisschen weit weg, deine Osterinsel."

Zwei Tage noch. Dann wird Rapa Nui Erinnerung. Ein Taxi bringt mich zur Bucht von Anakena. Ich möchte in Ruhe Abschied nehmen, all die Eindrücke noch einmal in Gedanken vorüberziehen lassen. Ich breite mein Badetuch auf dem goldenen feinen Sand aus, höre den Wellen zu, blicke zu den Palmen, in den graublauen Himmel. Ein kleines Paradies, beschützt von fünf moai. Einem ist sein Hut abhanden gekommen, drei anderen ihre Köpfe. Und als wolle er mit dieser Gruppe nichts zu tun haben, steht einer allein auf einer kleinen Anhöhe.

Ich greife nach dem kleinen schwarzen Buch, das mir Alicia wortlos, ein bisschen verlegen fast, bei unserem letzten Treffen gegeben hatte. Es ist ein Tagebuch.

Die ersten Aufzeichnungen stammen aus dem Jahr 1936. Meine Großmutter schrieb mit großen, ziemlich auseinander gezogenen Buchstaben, nach rechts geneigt. Kurze Sätze, manchmal eher Stichpunkte. Die Einreise, die Fahrt nach Valparaiso, das Wiedersehen mit Hanna, die erste Begegnung mit ihrem Enkel.

„Carlos – endlich! Wie ich mich freue!"

Ich blättere weiter. Nur ein Satz dann. „Ich habe Christian kennen gelernt."

Also doch. Sie schreibt von Gemeinsamkeit, Fürsorge, Glück.

„Ich werde bleiben."

Immer knapper werden die Einträge. Sorge um ihre Kinder in Deutschland. Dort ist Krieg.

Es folgen nur noch leere Seiten. Ich klappe das kleine Buch zu.

Durfte ich überhaupt darin lesen? Wer war Christian? Von ihm hatte mir niemand etwas erzählt.

Zwei Jungen rennen ins Wasser, lachen, tauchen. Leichter Wind bewegt die Palmen, hat das Blau des Himmels herausgelockt.

Viel habe ich Marco zu erzählen. Von meiner Großmutter, von dem Haus, in dem sie lebte und das ich kennen lernen durfte. Und von der Osterinsel, den traurigen moai, den grünen Wiesen, den Höhlenwohnungen. Vielleicht reisen wir noch einmal, gemeinsam, in dieses faszinierende Land, zu all den Plätzen, die wir noch nicht besucht haben.

Wieder packe ich meinen Koffer.

Sehr früh wird mich morgen ein Taxi zum Flughafen in Honga Roa bringen. Dann Santiago. Dann der lange Nachtflug zurück nach Deutschland.

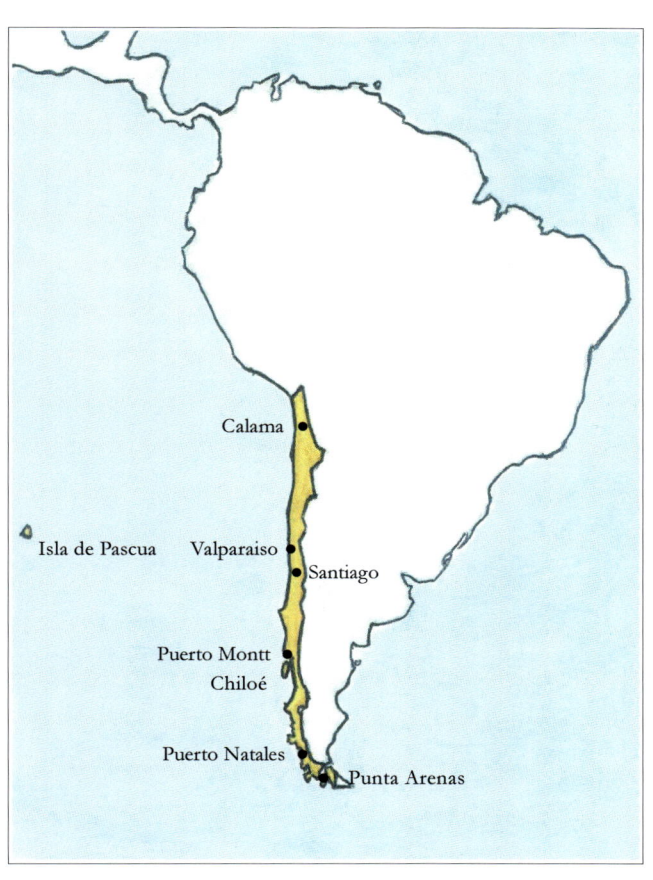

Calama

Isla de Pascua   Valparaiso

Santiago

Puerto Montt

Chiloé

Puerto Natales

Punta Arenas

Literatur

Asal, Susanne: Chile und die Osterinsel,
Dumont Richtig Reisen,
DuMont Reiseverlag, Ostfildern 2007

Bednarz, Klaus: Am Ende der Welt,
Rowohlt Taschenbuch Verlag,
Reinbek bei Hamburg 2005

Chatwin, Bruce: In Patagonien,
Rowohlt Taschenbuch Verlag, Reinbek bei
Hamburg 1995

Chiloé, La Guia Mitologica, Grafia & Media

Nanning Grothe, Cristino: Frutillar, 150 Años,
Chile 2006

Paredes Gaete, Mario: Rapa Nui, Santiago – Chile

Polyglott Apa Guide, Chile Osterinsel,
Langenscheidt KG Berlin und München
2005

Wikipedia,
http://de.wikipedia.org./wiki/Bernhard_
Eunom_Philippi
4. Juli 2010

Wikipedia,
http://de.wikipedia.org/wiki/Ferdinand_
Magellan
6. Juli 2010

Bildnachweis

Alle Bilder von der Autorin

Titelbild des Umschlages:
Im Naturpark Torres del Paine
Pastell
40 x 30 cm

Pastell
40 x 30 cm

Pastell
40 x 30 cm

Pastell
40 x 30 cm

Pastell
40 x 30 cm

Pastell
40 x 30 cm

Inhaltsverzeichnis

Ulrike Rauh
Spaziergänge in Neapel und auf Ischia

Fasziniert von der Vielfalt und dem Reichtum an Kunstschätzen sowie der unvergleichlich malerischen Lage am Golf, wird der Leser eingeladen, mit der Autorin durch „Spaccanapoli", den Bauch Neapels, zu bummeln, den Vesuv zu besteigen, den neapolitanischen Liedern zu lauschen und einzutauchen in die Heiterkeit Ischias.

„Jedes Kapitel ist von den Eindrücken der Autorin geprägt: So entdeckt der Leser durch die Erzählung nicht nur die eigenartige Stimmung, sondern auch das widersprüchliche Gesicht der süditalienischen Metropole."

Nürnberger Nachrichten

Wiesenburg Verlag

Ulrike Rauh
Zwölf Spaziergänge durch Venedig

Möchten Sie mit Tschaikowsky im Due Leoni
Kaffee trinken? Oder Hemingway in Harry's Bar
treffen? Oder einfach durch die engen Gassen
Venedigs schlendern und plötzlich vor dem funkelnden Wasser des Canal Grande stehen? Begleiten Sie Ulrike Rauh auf ihren Spaziergängen durch
Venedig: Es ist eines der zauberhaftesten Bücher,
die über diese Stadt geschrieben wurden.

*„Ihre zwölf Spaziergänge lassen das Gefühl einer fein-
sinnigen Beobachterin für eine berühmte Stadt und ihre
Besonderheiten vor dem inneren Auge lebendig werden.“*

Nürnberger Nachrichten

Wiesenburg Verlag